風雨歷程

广东省规划师建筑师工程师志愿者协会 编著

南粤古驿道
技术指导
工作回顾

SPM 南方传媒
广东经济出版社
·广州·

图书在版编目（CIP）数据

风雨历程：南粤古驿道技术指导工作回顾/广东省规划师建筑师工程师志愿者协会编著. —
广州：广东经济出版社，2023.4

ISBN 978-7-5454-8365-9

I. ①风… II. ①广… III. ①古道－文化遗址－修复－研究－广东②古道－文化
遗址－保护－研究－广东IV. ①K878.44

中国版本图书馆CIP数据核字（2022）第089709号

责任编辑：冯　颖　罗嘉慧　陈　晔
责任校对：鄢　进
封面题字：冼剑雄

风雨历程：南粤古驿道技术指导工作回顾
FENGYU LICHENG：NANYUE GUYIDAO JISHU ZHIDAO GONGZUO HUIGU
出 版 人：李　鹏
出版发行：广东经济出版社（广州市水荫路11号11～12楼）
印　　刷：广州市晨兴印刷有限公司
（广州市荔湾区荷景路9号东朗工业园1幢1楼102）

开　　本：787 毫米 ×1092 毫米 1/16　　印　　张：11.25
版　　次：2023年4月第1版　　印　　次：2023年4月第1次
书　　号：ISBN 978-7-5454-8365-9　　字　　数：315千字
定　　价：80.00元

发行电话：（020）87393830
广东经济出版社常年法律顾问：胡志海律师

感谢广东省自然资源厅对南粤古驿道保护与活化利用工作的全局把控和指引；感谢广东省住房和城乡建设厅、广东省文化和旅游厅、广东省体育局等政府部门对南粤古驿道保护与活化利用工作的大力支持；感谢广东省工程勘察设计行业协会、广东省国土空间规划协会、广东省古迹保护协会、广东省户外运动协会、广州市城市更新协会等兄弟协会长期以来的资源共享、无间合作；感恩“三师”专业志愿者不畏辛劳、不计报酬，为南粤古驿道建设持续贡献智慧和力量。

2021年是我国“十四五”规划元年，中央一号文件提出，要把乡村建设摆在社会主义现代化建设的重要位置，全面推进乡村产业、人才、文化、生态、组织振兴。而如何落实好“十四五”规划纲要和中央一号文件中有关农村地区文化遗产保护、传承与利用的内容，如何发挥南粤古驿道的潜力，更系统化、规模化、精细化地保护、延续、拓展沿线乡村生命力，已成为每一个“三师”专业志愿者关注的焦点与思考的重点。不得不说，处在祖国向第二个百年奋斗目标挺进的关键时期、脱贫攻坚同乡村振兴有效衔接的历史交汇口，此番对南粤古驿道保护利用工作的系统梳理、汇编成册显得尤为及时，对重新审视历年工作的收获与不足、找准新的突破口大有裨益。

五年辛苦，也许只是在古道千年沧桑中打下一个不起眼的绳结。然而，我们冀望以此为起点，为更深入完备、富有成效的工作筑下基础，再出发，迎南粤古驿道未来复兴之盛况。

方为民

2022年3月2日

除做好建前规划、建中指导、建后管养、建成活化全周期服务外，“三师”专业志愿者协会不断优化工作模式，主动建立良好的信息交流机制，发挥桥梁纽带作用，密切省级政府部门与地方政府、企业、社会之间的联系，并根据需求适时完善服务措施，推动形成和谐、共赢的合作体系。在南粤古驿道指导服务工作中，“三师”专业志愿者协会通过工作汇报、反馈意见上传、技术交流会等方式向广东省自然资源厅反映地方工作详情，经自然资源厅审核把关后，再进一步将自然资源厅的指示传达给地方，保障了技术指导工作扎实推进。在这来去往返、上传下达之间，“三师”专业志愿者仅2020年就奔赴南粤古驿道51次，脚印遍布18个市、31个县（市、区）、96个镇（区），深入251个村庄，积累了54篇技术指导反馈意见函和51篇新闻稿，参与工作的志愿者达241人。同时，“三师”专业志愿者协会以高校会员单位、设计院会员单位为学术阵地、科研阵地、理论阵地，不断攻克技术难题，提炼学术精华，为南粤古驿道保护与利用工作实践提供理论支撑。目前同步编写的《南粤古驿道基础理论研究丛书》与本册《风雨历程：南粤古驿道技术指导工作回顾》犹如双生“姐妹”，分别从理论和实践两个方向书写南粤古驿道的动人篇章。

深耕数载，积微成著

我们希望能将南粤古驿道技术指导过程中所有的有益探索、生动实践、创新尝试与累累硕果都留存珍藏，而堆山积海的经年工作又岂能以一书概之。故此，本书精编11篇文章，分3大部分收录，以期窥一斑而知全豹。谋定篇从决策层面、组织层面、操作层面、技术层面叙述南粤古驿道工作出发之原点、专家指导之依据；行动篇细分为8大主题，将南粤古驿道技术指导中关注的重点问题、解决途径、建设成效加以回顾和总结，并邀请深度参与其中的技术指导专家畅谈南粤古驿道经典案例，再现他们对技术细节的极致把控、对遗产活化的严谨思索、对民情民意的耐心倾听；展望篇立足当下，理性看待已经取得的阶段性成果，大胆提出尚需解决的现实难题，同时放眼未来，畅想南粤古驿道在新时代下的新作为。

前路未央，华章待续

南粤古驿道是历史之路，只有护其遗存、理其脉络、述其故事，才能使文明之火长燃；南粤古驿道是文化之路，让险遭时代洪流湮没的非物质文化遗产得以在这个时代舞台再次绽放；南粤古驿道是红色之路，教我们忆往昔峥嵘岁月，蓄力量浪遏飞舟勇担当；南粤古驿道是自然之路，让我们看到山间生灵的张力，也让我们找到归于宁静自然的内心；南粤古驿道是致富之路，拉动起粤东西北经济发展的新引擎，携千村万民告别贫穷、直奔小康。

力乡村的赤子心，操起“绣花”的功夫，将残缺、破败的古道织补成线、连接成网。2016年12月5日，正值第31个国际志愿者日，为更高效地服务乡村、建设古道，“三师”专业志愿者委员会顺势而生。

2017年，在“三师”专业志愿者的技术支持下，南粤古驿道“两年试点”圆满完成，8处全长共300多千米的古驿道示范段晒出了完美的成绩单，保护与修复工作取得显著成效，沿线经济蓬勃发展，农村人居环境得到有效改善，形成良好的示范引领效应。之后的每一年，南粤古驿道都被写入广东省政府工作报告：2018年，打造11条重点线路；2019年，完成13条重点线路的巩固提升及5条新增重点线路的保护与修复；2020年，择优打造8条精品路线，新增3条海岛海防主题线路，新建3条滨水绿道精品线路。其间，受政府机构改革影响，广东省自然资源厅于2019年接棒广东省住房和城乡建设厅，扛起南粤古驿道保护与利用的大旗。为进一步扎实推进南粤古驿道保护与利用工作，广东省自然资源厅创新管理模式、转变服务方式、搭建志愿服务平台，让已经身经百战、素质过硬的“三师”专业志愿者能够继续发挥他们在挖掘古驿道沿线历史、人文、自然特色资源，弘扬岭南优秀传统文化、建设美丽乡村、推动乡村经济发展、助力乡村振兴等方面的专业引导和技术支撑作用。2020年4月20日，广东省“三师”专业志愿者协会正式登记成立，历经六年，发展为拥有在册会员1095 人、会员单位 44 家的合法化、规范化、专业化社会团体。其专业领域更是从最初只拥有规划师、建筑师、工程师，扩展为拥有景观、结构、市政、电力、生态、植物、艺术、人文、计算机科学与技术等数十个专业人才的多元化、开放性智库。可以说，“三师”专业志愿者协会和南粤古驿道就像DNA上的双螺旋结构，相辅相成、互不可缺地实现了共同成长。而这种以多专业志愿者跨界协作为主导，辅助政府开展乡村建设和遗产保护的工作模式开创了国内先河，成为广东之唯一。

始于钻、践于行、勤于思、成于效

“三师”专业志愿者协会以《广东省南粤古驿道线路保护与利用总体规划》《广东省南粤古驿道保护修复指引及重点线路建设规划与实施项目》《南粤古驿道维护管养工作指引》《南粤古驿道标识系统设计指引》等规划文本为理论依据，以完整性、真实性、安全性、生态性、可持续性为保护原则，从施工进度、约束性任务和资金使用等方面对地方工作落实情况进行督查；从南粤古驿道本体修复与保护、连接线建设与使用、历史遗存保护与修缮、景观节点与设施提升、生态复原与提升、地质灾害发现与处理6个方面深入指导线路建设；从自然、历史、人文、产业、特色村落、新兴业态等多个角度梳理地方可利用资源，挖掘潜力，提升价值；从体育、音乐、美术、教育、旅游等不同方向启发南粤古驿道活化思路，促进沿线乡村差异化发展；深入乡村，与各地镇政府、驻村扶贫干部、村民委员会都建立起伙伴关系，与村民结对子、话家常，听民声、探民意，普及文保知识，唤起民众对家乡的热爱和自豪感，燃起民众对共建共享南粤古驿道的热情和希望。

序　言

南粤古驿道，肇于秦汉，兴于唐宋，盛于明清，是古代岭南用于传递文书、运输物资、往来人员的通路。它抵御过近代战火的炙烤，经历过现代建设的磨洗，终不敌岁月，渐数衰败于荒草荆棘间。直至迈入21世纪的第二个十年，它才在历史文化遗产保护工作者的呼吁下，得到整体性发掘和保护，逐渐绽放出第二次生命的色彩。

是时，国内关于线性文化遗产保护的意识正大范围觉醒，京杭大运河、茶马古道、陇蜀古道、秦岭古道等纷纷展开了以申遗为导向的历史、地理、人文研究。向来敢为人先、务实进取的广东人民，则把对古驿道的抢救、修复和保护放在了第一位，本着边思边做、边实践边总结的理念，一干就是五年，成功推进了南粤古驿道1200多公里重点线路的建设，打造了500多个重要节点，形成了覆盖18个市、31个县（市、区），总计18条28段重点线路、4大古港、5大华南教育历史研学基地的点线结合网络，并通过古驿道的活化利用助推了沿线1320个村庄脱贫摘帽。

这一串亮眼数字的背后，少不了广东省规划师、建筑师、工程师（简称“三师”）专业志愿者的砥砺耕耘，正是他们从谋划到行动的全过程参与、全身心投入，才使南粤古驿道重现历史之底蕴、展露今日之风采。正如古代皆以修桥铺路为盛事，需立碑铭记一般，而今这群人为这条路所付出的点滴辛苦也颇值得一书，遂编《风雨历程——南粤古驿道技术指导工作回顾》，既为总结、为自勉，亦为积蓄力量，再启征程。

驿道“三师”，缘起情深

“三师”专业志愿者协会与南粤古驿道有着不解的缘分。2014年9月6日，时任广东省副省长的许瑞生亲自倡议并启动的“规划师、建筑师、工程师专业志愿者下乡服务”活动在中山三乡古鹤村展开。自发集结投身乡村服务的34名志愿者成为“三师”专业志愿者协会的雏形。2016年，我国“十三五”规划纲要发布，对全力实施脱贫攻坚、加快改善生态环境、推进“一带一路”倡议提出了新时代的新命题。同年，曾多次考察欧洲文化线路并对中国文化遗产保护与活化潜心钻研数年的时任广东省副省长的许瑞生敏锐地捕捉到古驿道作为广东省线性文化遗产的历史价值与当代意义，号召通过文化遗产的多样化活化路径来创新地贯彻落实国家“十三五”规划，实现以道兴村、以道兴粤。于是，埋没于荒山近百年的西京古道、秦汉古道、粤赣古道等重回公众视野，并有了一个共同的名字——南粤古驿道。同年，在广东省委、省政府的高度重视下，南粤古驿道试点工作正式启动。其时负责统筹该项工作的广东省住房和城乡建设厅意识到：对于本就敏感、脆弱而又量大点散的南粤古驿道来说，不管是修复、保护还是活化利用，都是一项复杂的系统工程，因而亟须一支稳定持久、规模庞大的队伍综合专业的力量对其进行全局性把控、全过程参与、各环节指导、多方面协调。于是，从前那支在下乡服务过程中磨砺两载、具有丰富实战经验和精湛专业技术的志愿者队伍，成为督导南粤古驿道建设的不二人选。他们怀揣着一颗抢救遗产、献

目　录

谋定篇

第一章　治理创新　技术下沉　002

第二章　规划先行　谋而后动　022

行动篇

第三章　遗产保护　文脉赓续　036

第四章　村落保护　乡愁永续　054

第五章　红色文化　薪火相传　066

第六章　博物览志　以史鉴今　082

第七章　人文湾区　协同共建　100

第八章　生态修复　“两山”转化　116

第九章　产业融合　道旺村兴　132

第十章　体赛健魄　乡风焕新　146

展望篇

第十一章　继往开来　砥砺前行　164

谋定篇

第一章

治理创新　技术下沉

撰稿人：李炫锋　汪蓉　受访人：曾宪川　邱衍庆

受访人简介

曾宪川

“三师”专业志愿者、“三师”专业志愿者委员会主任、正高级建筑师、国家注册城乡规划师，获得“广东省五一劳动奖章”。现任广东省建筑设计研究院有限公司党委书记、董事长，中国勘察设计协会建筑分会副会长。

《广东省南粤古驿道保护修复指引及重点线路建设规划与实施项目》编制主要负责人，曾经参与全国第一个区域绿道——珠三角绿道网的规划建设、全国第一个基于“一国两制”框架的策略性区域规划研究——大珠三角城镇群协调发展规划研究，就如何促进粤港澳地区紧密合作建言献策。同时，还参与了全国第一个省部合作编制完成的区域规划——《珠江三角洲城镇群协调发展规划》的编制，以及全国第一部关于控制性详细规划的地方性法规——《广东省城市控制性详细规划管理条例》的颁布及实施，后者的主要内容被纳入《中华人民共和国城乡规划法》。

邱衍庆

“三师”专业志愿者、城乡规划高级工程师、国家首批注册城市规划师，获得“全国五一劳动奖章”和“全国优秀城市规划科技工作者”称号。现任广东省城乡规划设计研究院有限责任公司党委书记、董事长、总经理、院长，中国城市规划协会副会长，广东省国土空间规划协会理事长，广东乡村振兴咨询委员会委员，广东省科学技术协会第九届委员，广东省科学技术协会第九届常务委员会促进乡村振兴发展专门委员会委员，《城市规划学刊》编委，广东省国土空间生态修复协会专家库专家，抗战时期华南教育历史研究专家委员会委员专家，国际城市与区域规划师学会会员。

习近平总书记在党的十八届五中全会上提出“创新、协调、绿色、开放、共享”五大发展理念，强调坚持创新发展，就是要把创新摆在国家发展全局的核心位置，让创新贯穿党和国家一切工作，让创新在全社会蔚然成风。习近平总书记对创新发展的论述是我国“十三五”期间，乃至更长时期内的发展思路、发展方向和着力点。

一、南粤古驿道保护与利用工作——落实“十三五”规划的创新实践

南粤古驿道保护与利用工作是广东省委、省政府认真贯彻落实习近平总书记生态文明思想、五大发展理念、系列讲话精神以及党的十九大关于生态文明建设的决策部署的统筹思考和顶层设计；是广东省落实国家“一带一路”倡议、粤港澳大湾区战略，实施乡村振兴、精准脱贫、全域旅游和全民健身等政策的有力抓手和助推器；同时也是广东省将国家战略和国家政策融合发展、协同推进的创新实践。

（一）织段成网：南粤古驿道的过去、现状与未来

南粤古驿道是指1913年以前广东省境内用于传递文书、运输物资、往来人员的通路，包括水路和陆路、官道和民间古道。广东省迄今发现的古驿道及其附属遗存有202处，是历史上岭南地区对外经济往来、文化交流的通道。它们是军事之路、商旅之路，也是民族迁徙之路、融合之路，更是广东历史发展的重要缩影和文化脉络的延续。

“三师”专业志愿者，广东省建筑设计研究院有限公司党委书记、董事长曾宪川认为，开展南粤古驿道保护、利用工作，以南粤古驿道为纽带，整合沿线历史文化资源，将南粤古驿道的保护、利用与旅游、体育、历史文化、红色教育相结合，让陈列在南粤大地上的“遗产”活起来，不但可以丰富南粤古驿道的内涵，而且在促进南粤古驿道历史文化的传承与保护、提升广东历史文化遗产在“一带一路”沿线国家的影响、展示岭南地区文化特色、促进县域经济健康发展、实现“精准扶贫”和改善农村人居环境等方面也具有深远的历史意义和重要的现实意义，是广东省落实习近平总书记关于“留住历史根脉，传承中华文明”“增强文化自信”“让人们记住乡愁”等重要指示的具体抓手。

南粤古驿道重点线路分布图
（审图号：粤S（2019）002号
来源：广东省住房和城乡建设厅）

历经5年的努力，广东省已完成全省18个地级市31个县（市、区）共18条总长1200公里的南粤古驿道重点线路网络的覆盖。其中，修缮驿亭、驿站、古桥等重要历史遗存272个，新建停车场、公厕、休憩驿站等配套设施1559个，完成地质灾害隐患点治理43处，修复1500多公里古驿道排水设施，唤醒存量自然历史人文空间5000多公顷，利用现有村道、乡道串联省定贫困村98个、特色村104个，整合原本分散闲置、低效利用的既有景观节点250个。南粤古驿道重点线路网络引入自然教育、红色旅游等资源，形成了系统丰富、具有吸引力的文化游径，打造了开放式、永不落幕的自然历史博物馆。

未来，广东省将建成18条古驿道主线、56条古驿道支线，建成南粤古驿道线路长度达11230公里，建成24个重点发展区域、1200多处人文和自然景观节点、59个区域服务中心和255个一级驿站，带动251个古驿道文化特色乡镇、419个古驿道文化特色村落、1320个贫困村的建设和发展，将南粤古驿道全面打造为具有全国影响力的文化品牌和经济发展长廊。

(二)层层叠进:聚焦广东省政府工作报告

自2016年起，广东省委、省政府坚持顶层设计、高位推动，连续6年在广东省政府工作报告中对南粤古驿道保护利用工作进行部署，制定渐进式目标，明确工作重点，一步一个脚印地推进落实。

2016年广东省政府工作报告提出“修复南粤古驿道，提升绿道网管理和利用水平”，明确南粤古驿道保护修复要求，结合绿道①提升工作，将古驿道蕴含的丰富文化内涵融入绿道建设中，形成“驿道网+绿道网”，共建幸福广东的健康之路，为公众提供新的户外运动场所，满足公众日益增长的健康休闲需求。

①绿道，源于英文“Greenway”，该理念起源于19世纪，并在随后的一个多世纪里被成功应用于美国、德国、日本、新加坡等国家。中国绿道建设起步相对较晚，真正的绿道建设始于广州增城。作为全国绿道建设的探索者，广东从2007年开始探索绿道建设，该工作后来在珠三角地区逐步铺开，从此，全国范围内迅速开展了“中国绿道运动”。

2017年广东省政府工作报告提出“深入挖掘南粤古驿道内涵，强化保护传承和合理利用”，强调挖掘南粤古驿道遗存资源，突出古驿道的功能和内涵，促进古驿道的传承和保护，从保护和修复层面上升到对南粤古驿道遗产的活化利用和历史文化传承层面。

2018年广东省政府工作报告提出“加大梅关古道、西京古道等南粤古驿道、古村落活化利用力度。传承、发展、提升农耕文明，树立文明乡风”，在修复、保护、传承的基础上，进一步强化和提升南粤古驿道重点线路活化利用，打造精品路线，重视弘扬历史文化，加强乡村的生态文明建设、文化自信。

2019年广东省政府工作报告提出“加强南粤古驿道、古村落、红色革命遗址、少数民族传统文化保护和连线开发，提升岭南特色乡村风貌”，提出将历史遗存、红色教育、历史村落、传统文化等资源整合，建设南粤古驿道网络体系，将南粤古驿道保护和利用与乡村风貌提升相结合，打造美丽乡村。

2020年广东省政府工作报告提出“深度挖掘红色革命、改革开放、南粤古驿道、古城、古镇、古村等特色文化旅游资源，建设文旅融合示范区”“打造‘粤美乡村’旅游品牌，全面提升全域旅游发展水平”，从全域旅游的角度，以南粤古驿道为文脉传承岭南文化、提振文化自信，挖掘、整合岭南水乡文化、山居文化、海丝文化、红色文化、侨批文化等内涵丰富的南粤古驿道文化遗产，全面展现广东多民族、多民系文化嬗变的历史轨迹，打造广东文旅新亮点，促进乡村旅游产业发展，实现南粤古驿道保护与活化利用的目标和价值。

2021年广东省政府工作报告提出“开发红色文化、南粤古驿道、少数民族村寨等精品线路”，从南粤古驿道保护与活化利用层面上升到文化自信、党史教育层面。

未来，南粤古驿道的保护和利用工作还将立足于活化推广，继续扩大品牌效应及提高影响力，让南粤古驿道成为广大人民群众记得住乡愁的富民之道。

(三)以一驭万:一道连接历史遗产、生态与乡村

广东省“十三五”规划提出坚持保护优先、加强生态建设、加快文化强省建设和实施脱贫攻坚工程的工作部署。南粤古驿道作为广东省落实“十三五”规划，保护优秀传统文化、创造公共生态产品、提升文化自信、建设文化强省的有力举措，是推进乡村振兴、发展乡村旅游、改善农村人居环境的重要抓手。

通过对202处古驿道及相关遗存、388处历史文化城（镇、村）、369处其他文物古迹的等级进行评估，“三师”专业志愿者组成的工作团队制定了保护措施和要求，划定了重点线路保护范围，做好了遗存标志树立。对线路沿线历史文化名镇、古镇、名村及部分古驿道历史遗存节点进行保护、修复和挖掘，建设了坪石、云浮、连州、梅州、浈江大村五个华南教育历史研学基地和汕头樟林、广州黄埔、台山海口埠、湛江徐闻四个古港，利用南粤古驿道遗存资源开展了古道观光、考古科研、徒步穿越等活动。

发挥南粤古驿道在乡村减灾、生态保育等方面的作用，将乡村环境治理、古驿道生态修复地质灾害治理、森林景观提升等工作纳入南粤古驿道保护与修复工作中，形成古驿道、绿道、乡村生态廊道网络。天蓝、地绿、水净的美丽生态乡村，精心打造的古驿道特色文化廊道和科普长廊，已成为广东省坚定文化自信、传承岭南文化的品牌。

强化南粤古驿道与沿线乡村的发展对接。南粤古驿道沿线有251个融合文化、旅游、产业、生活等功能的南粤古驿道文化特色乡镇和乡村，通过南粤古驿道保护与利用打造古驿道旅游产业带、古驿道户外体育运动产业带、古驿道特色制造业走廊，有效发挥了古驿道对当地经济的全面带动和促进作用，推动了文化创意产业、全民健身服务业、科普旅游业、沿线乡镇和乡村经济的发展。

利用南粤古驿道保护与修复连接历史遗产、生态与乡村，为脱贫攻坚、乡村振兴带来了契机。政府、企业、学者等多层次社会力量的介入，为沿线乡村带来了新的发展动能。古驿道串联起大片乡村地区，促进乡村旅游发展，带动农民增收，吸引人才、技术、资金流向乡村，使古驿道保护、利用与乡村振兴互相赋能、互相成就。

指导组在台山海口埠现场进行技术指导
（来源：南粤古驿道网）

（四）集成创新：汇聚国家战略和政策的融合发展

南粤古驿道保护与利用是广东省贯彻落实习近平总书记提出的“创新、协调、绿色、开放、共享”五大发展理念的一项创新实践。以南粤古驿道为主线带动乡村生态、文化、产业以及社会治理方面融合发展，充分体现了协调发展理念。

“三师”专业志愿者，广东省城乡规划设计研究院有限责任公司党委书记、董事长邱衍庆认为，南粤古驿道在绿道的基础上于线性空间内植入保护岭南历史文化的理念，同时又兼顾绿道的文化旅游、健身休闲等综合功能，是在绿道的基础上进一步将国家战略和国家政策融合的协调发展手段。这不仅是一项综合系统工程，还是多方面创新的集成。

南粤古驿道保护与利用的创新主要体现在治理主体、治理模式、治理内容和治理方式上。在治理主体方面，率先探索多元化治理机制——广东省自然资源厅牵头统筹、协调落实项目资金，相关部门按职责协同配合，“三师”专业志愿者协会负责技术指导，地方政府主导建设，镇、村具体落实。治理主体多元化充分调动了各级政府、组织和群众的积极性与能动性，发挥了全社会的作用。在治理模式方面，拓宽历史文化保护与全域旅游的内涵和外延，采用古驿道“1+*N*”模式，打造全面开放、永不落幕的自然历史博物馆，开创体验式、融合式乡村旅游新模式。在治理内容方面，打破过去村落历史遗存保护与利用只考虑传统村落格局规划、特色风貌建筑修缮、环境改善方面的治理，将保护与活化利用、古道研学、旅游开发、文创策划相融合，突破传统保护思路，实现保护与活化利用全方位、全要素集成治理。在治理方式方面，开创国内多学科、多领域、多专业、多部门专业技术指导的先河，“三师”专业志愿者技术下乡，成为打造南粤自然历史文化品牌的先行者和引领者。

南粤古驿道保护与利用以线性空间为载体，把整个南粤大地的历史文化遗存，包括历史文化名城、名镇、名村，历史建筑，历史文物保护单位和非物质文化遗产等通过古驿道网络交织在一起。结合绿道提升工作，将古驿道蕴含的丰富文化内涵融入绿道建设中，形成“驿道网+绿道网”的功能叠加，带动古驿道沿线区域文化、旅游、体育产业的发展。这种创新符合当前社会经济发展需求，是融合生态文明建设、乡村振兴、精准脱贫、文化强省、全域旅游等政策的综合、协调发展的典范。这种综合的做法是广东省将多项国家战略、国家政策融合发展的创新集成。

二、多层次联动——政府创新社会治理的新答卷

习近平总书记在十八届中央政治局第三十八次集体学习及系列重要讲话中指出，发挥政府作用，不是简单下达行政命令；创新社会治理体制，要坚持完善党委领导、政府主导、社会协同、公众参与、法治保障的体制机制。习近平总书记的讲话指明了南粤古驿道保护与利用工作的方向和实施路径。

（一）搭建平台，共担使命

为有效发挥政府的主导作用，广东省自然资源厅积极健全南粤古驿道治理机制，完善政策法规，引导和支持社会力量积极参与治理。广东省自然资源厅组织成立“三师”专业志愿者协会，制订推进志愿服务制度化的实施方案，建立、健全志愿

服务机制，把开展“三师”志愿服务活动作为提升城市文明程度、践行社会主义核心价值观的重要抓手，打造规范化的专业社会团体，推进专业志愿服务活动制度化、多样化、常态化。

“三师”专业志愿者协会借助各级党委和政府的力量，搭建“三师”志愿服务平台，统筹好专家、组织技术指导组对重点线路进行技术指导和督导检查，把广东省自然资源厅的相关政策传达给地方政府，同时将地方政府在实施过程中遇到的情况反馈给广东省自然资源厅，帮助协调解决困难和问题。

这种“政府组织、社会参与、专家领衔、共同探讨、强化现场调研”的模式，促进了政府部门与科研机构、行业组织的协作交流，有助于集聚全省相关专业技术力量资源，搭建美丽宜居乡村建设工作与社会资本对接的服务平台。借助“三师”志愿服务和技术合作交流平台，建立南粤古驿道技术指导长效机制，实现了古驿道保护和活化利用的治理创新和技术下沉，卓有成效地发挥了政府的统筹协调作用。这既是政府治理的创新举措，又是“有效市场”与“有为政府”相得益彰的经典范例。

（二）部门协同，助跑接力

南粤古驿道保护与利用工作最初由广东省住房和城乡建设厅负责，随着机构改革、部门职能的转变，2018年底转由广东省自然资源厅负责。广东省自然资源厅牵头统筹推进古驿道活化利用工作，与文旅、住建、体育、农业、林业等部门建立常态化工作机制，与宣传、教育、水利等部门协调配合。广东省文化和旅游厅负责南粤古驿道活化利用的策划推广、立体宣传和文化传播，提供与古驿道有关的考古资料及旅游发展数据分析。广东省住房和城乡建设厅负责南粤古驿道沿线历史文化名镇、名村的保护与利用，指导地方做好沿线社区体育公园建设和农村人居环境整治等工作。广东省体育局负责做好南粤古驿道定向大赛的筹划与组织工作，通过举办多元化的赛事打造全方位、多角度、立体化的宣传矩阵。多个职能部门共同聚焦南粤古驿道，协同推进，形成了“政府主导、自然资源厅牵头、多部门联动、社会参与”的工作机制。

时任广东省副省长许瑞生在 2019 南粤古驿道天翼 4K 高清杯定向大赛清远阳山站开幕式上鸣锣开赛（来源：南粤古驿道网）

“三师”专业志愿者曾宪川、罗竑一行在香山古道了解古道施工情况
（黄睿民拍摄）

（三）顶层设计，中枢管理

广东省自然资源厅从传承历史文化、保护历史遗存的角度出发，融合国家战略和国家政策，做好南粤古驿道保护与利用的顶层设计，统筹推进项目实施。通过制订周密的年度计划，广东省自然资源厅把有关政策转化为年度工作重点，委托“三师”专业志愿者协会进行技术指导，把年度工作重点转化成具体措施，逐项指导落实。同时，通过技术指导反馈各地的建设情况，不断丰富和优化南粤古驿道保护与利用工作的顶层设计。

“三师”专业志愿者协会在广东省自然资源厅的领导下，坚持“专家领衔、组建团队、多方合作、强化现场”的原则，发挥统筹协调作用，对重点线路进行督导检查、现场指导，做好省与市的政策传达、信息沟通、协调处理工作，把省制定的南粤古驿道建设要求、标准及政策结合当地的实际落到实处。技术指导组对下通过技术下沉帮助地方政府解决困惑和难题，提供专业技术解决方案；对上向广东省自然资源厅反馈地方情况，由广东省自然资源厅负责把关。“三师”专业志愿者协会不定期组织各指导组专家开展经验交流和业务研讨，一方面，总结经验教训，提升指导组工作水平；另一方面，让他们担任技术顾问，为各地方政府科学决策建言献策。

各地方政府在“三师”专业志愿者技术指导下，获得有价值的意见和建议，从而把政策、标准、规范转化为解决问题的具体举措，高质量地推进南粤古驿道保护与修复工作。

“三师”专业志愿者邱衍庆一行在粤赣古道东源段开展技术指导工作
（樊志敏拍摄）

三、“三师”价值——以智慧助力政府，以技术服务“三农”

习近平总书记在致中国志愿服务联合会第二届会员代表大会的贺信中写道，各级党委和政府要为志愿服务搭建更多平台，给予更多支持，推进志愿服务制度化、常态化。这为“三师”专业志愿服务工作指明了方向。

南粤古驿道技术指导工作是首个以广东省规划师、建筑师、工程师等专业志愿者为主体，通过“三师”专业志愿者协会搭建志愿服务与合作交流平台，为南粤古驿道保护与活化利用的政策完善和科学决策提供技术支持；是充分发挥政府统筹协调作用，探索治理创新，实行人才下乡、技术下沉，推行志愿服务制度化、常态化的成功典范；是落实习近平总书记对志愿者的寄语“立足新时代，展现新作为”的实践行动；是对古驿道保护与修复工作的贴身跟进。

（一）打造合法化、规范化、专业化社会团体

南粤古驿道保护与修复初期，各地出现了一些认知和行动上的偏差，导致各地古驿道修复的技术和标准参差不齐，实施效果与规划相去甚远，迫切需要高水平的专业团队对南粤古驿道技术标准和规范、修复效果及利用效益等进行系统且全面的指导。在广袤的乡村服务多年，又对专业技术无比熟悉的“三师”专业志愿者协会成为指导南粤古驿道保护与修复的最佳选择。

“三师”专业志愿者协会缘起于2014年9月6日。由时任广东省副省长许瑞生亲自倡议并启动的“规划师、建筑师、工程师专业志愿者下乡服务”活动的首次服务在中山市三乡镇古鹤村展开，取得了较大成效并产生了广泛的社会效应。2016年12月5日，正值第31个国际志愿者日，在“三师”下乡服务活动开展两年的基础上，由广东省城市规划协会、广东省工程勘察设计行业协会发起，“三师”专业志愿者委员会在广州成立。在“三师”专业志愿者委员会的推动下，“三师”专业志愿者队伍日益壮大，涵盖的专业由初期的规划师、建筑师、工程师扩大到教师、设计师等数十个专业。2020年4月20日，在广东省自然资源厅的支持和指导下，“三师”专业志愿者协

广东省规划师建筑师工程师志愿者协会成立大会（来源：南粤古驿道网）

“三师”专业志愿者在西京古道乐昌段的合照
（黄睿民拍摄）

会经广东省民政厅批准正式注册登记，而后逐渐发展为拥有1367名在册会员、48家会员单位的合法化、规范化、专业化社会团体。

技术指导组在华南教育历史研学基地（大村）作建设指导
（来源：南粤古驿道网）

“三师”专业志愿者协会注重吸收不同专业领域的人才，汇聚了规划、建筑、景观、结构、市政、电力、生态、植物、艺术、人文、计算机科学与技术等十多个专业和方向的志愿者。多专业跨界协作的工作模式非常有利于为南粤古驿道的保护与修复提供全视野观察、多角度解答，不同专业的志愿者在一起碰撞思维、迸发灵感，更是有利于突破瓶颈，为古驿道活化利用提供创新方案。在“三师”专业志愿者协会的技术支持下，广东省自然资源厅得以进一步提高统筹乡村规划建设和山水林田湖草系统的治理能力和治理水平，南粤古驿道得以实现“高品质体验，高效能利用”。

（二）走在广东技术扶贫第一线

“三师”专业志愿者是广东乡村振兴事业上一支不可或缺的生力军。多年来，他们始终奉行“奉献、友爱、互助、进步”的志愿者精神，秉持“以专业所长服务乡村”的理念，积极参与乡村物质与非物质文化遗产的保护与利用，推动农村产业融合发展，助力省定贫困村脱贫摘帽，提升乡村人居环境和乡村建设品质，打造美丽宜居的村庄，延续“美丽乡愁”，共治、共建、共享生态文明。从2014年志愿服务初期与省定贫困村结对帮扶，以规划和建筑为切入点，深入挖掘乡村价值，保护乡村风貌，提升农民生产和生活基础设施建设水平；到2016年以来以南粤古驿道保护与利用工作为契机，实施更为丰富、多元的乡村振兴战略，切实发挥“以技兴道、以道兴村”作用；再到2020年起贯彻落实广东省自然资源厅关于加强村庄规划、促进乡村振兴的通知，全力配合自然资源厅开展广东省村庄规划试点。一步步走来，“三师”专业志愿者参与并见证了广东省乡村的发展与蜕变。

技术指导组检查凤凰山古道滑坡修复效果
（黄睿民拍摄）

技术指导组查看凤凰山古桥断裂情况
（来源：南粤古驿道网）

（三）争当南粤古驿道“筑路人”

“三师”专业志愿者是最早一批关注到南粤古驿道并参与其历史研究和遗迹勘测的人群。南粤古驿道遍布郊野山原，与乡村有着密不可分的联系，正因如此，长期扎根乡村开展田野调查的志愿者们获得了大量与南粤古驿道“亲密接触”的机会，促成了对古驿道本体及其地上、地下历史文化遗产的发现和挖掘。此外，在深入乡村、服务“三农”过程中，在与村民嘘寒问暖、闲话家常过程中，志愿者们总能意外地收获关于古驿道的历史典故和家国传说，更有年迈却精神矍铄的老者直接带领城里来的“好奇专家”前往深山，除杂草、破山石，硬是凭着儿时记忆把掩埋了半个多世纪的古道遗址找了出来。就这样，曾经马蹄不绝、足屡不息的官道、民道一条接一条地重回大众视野，南粤古驿道整体保护与修复工作也得以提上日程。

正如前文所提到的，“三师”专业志愿者丰富的乡村经验、精湛的专业技术以及他们不计报酬、勇于奉献的志愿者精神有效推动了南粤古驿道的保护、修复与活化利用。志愿者中的规划大师强强联合，为古驿道量身定做保护、利用规划，建筑大师、结构大师为沿线古村落、古建筑做修缮设计，艺术大师、景观大师为古驿道设计小品、雕塑和景观节点……专业的设计不仅提升了南粤古驿道的建设品质及其沿线村庄的风貌，还保护和治理了周边生态环境，让原本衰败、没落的古驿道焕发出新的生命与活力。

当地相关部门向技术指导组讲述古道清理情况
（来源：南粤古驿道网）

技术指导组在西京古道英德连江口段本体作指导
（来源：南粤古驿道网）

2020 古道学学术探讨暨南粤古驿道国际化传播高峰论坛现场（田中拍摄）

（四）且行且思，构建古驿道学术高地

“三师”专业志愿者传承了广东人的实干精神——敢闯、敢试、敢为人先，南粤古驿道的建设模式就是在年复一年的线路试点中不断优化而来的。同时，“三师”专业志愿者又有着学术人边钻研边实践、边实践边总结的探索精神，将实践与理论相结合，同时用理论来指导实践。

据中国知网统计，2016年以来，以“南粤古驿道”为关键词的学术论文达到了110篇，半数以上为“三师”专业志愿者在参与南粤古驿道保护与利用工作过程中自发所写。其中不乏观点新颖、影响深远的优秀之作，比如《以线性文化遗产保育活化带动沿线村庄社会经济发展——浅谈广东省南粤古驿道保护利用工作》一文获得了第九届钱学森城市学“城市文化遗产保护问题”金奖。

2020年8月，受广东省自然资源厅委托，“三师”专业志愿者协会牵头，组织广东省文物考古研究院、华南理工大学、广东外语外贸大学、华南农业大学、广州大学、广东省建筑设计研究院有限公司6家单位，共同开展了“南粤古驿道古道学基础理论课题研究项目”。这次有计划的、集中性的、举“三师”学术顶流之力的理论探索较过去自发的、零散的、小范围的研究尝试有着本质的不同，其目标更为宏大和明确，旨在梳理南粤古驿道已有的学术研究成果和保护与利用实践，搭建跨学科研究平台，对南粤古驿道基础理论和重点领域展开系统性、针对性研究，以构筑南粤古驿道基础理论框架体系，充实相关知识领域研究成果。课题组由学术界知名教授学者领衔，技术骨干、博硕士人才共同参与。短短半年多的时间，课题组已在学术期刊上发表论文30余篇，形成具有较高理论深度的专题报告11篇，汇编理论研究丛书4卷和学术论文集1册，研究范围涵盖历史、地理、考古、聚落、建筑、景观、生态、物种、文化、产业、乡村等多个主题，基本上形成了逻辑自洽、系统完备的南粤古驿道基础理论体系。

南粤古驿道基础理论课题专家咨询会
（来源：南粤古驿道网）

在开展南粤古驿道基础理论研究的过程中，“三师”专业志愿者协会还发动了同济大学、中山大学、广州大学、华南师范大学等名校的教授参与学术探讨；邀请了广东省城乡规划设计研究院有限责任公司、广东省博物馆、方塘智库、深圳市城市空间规划建筑设计有限公司等知名单位的专家以论坛、会议的形式畅谈南粤古驿道的过去、现在与未来；联合了同济大学、广东省古迹保护协会、联合国教科文组织亚太地区世界遗产培训与研究中心（上海）、上海阮仪三城市遗产保护基金会、法国建筑与遗产城、法国特色小城镇联盟、法国国家建筑师协会共同举办“遗产线路的价值与保护利用”线上交流活动，共议遗产线路价值阐释方式、遗产要素保护方法和遗产可持续活化利用路径。这一系列思想盛宴把南粤古驿道学术话题推向高潮，对突破学科界限、整合学术资源，探索立足广东、面向全国、走向世界的南粤古驿道学术体系建设发挥了巨大作用。

“遗产线路的价值与保护利用”线上交流活动
（来源：南粤古驿道网）

四、南粤古驿道技术指导服务工作纪实

(一)建立技术指导工作机制

“三师”专业志愿者协会从2018年起开始承接南粤古驿道保护利用的技术指导服务工作。最初两年，技术指导组组长主要由政府官员担纲，下率各领域知名专家2～3名，各行业“三师”专业志愿者若干，视各地工作进度开展不定期现场调研。自2020年起，南粤古驿道技术指导服务工作实现了“去行政化”，指导队伍转为以专家为核心、以组员为主力，实施定期、定线路的服务行动，工作机制更为科学、有效。

“三师”专业志愿者协会是南粤古驿道技术指导服务工作的智囊团，组建与线路建设的需要相匹配的专业指导团队显得尤为重要。协会聘请省内国土、规划、考古、环保、水利、旅游、文创等数十个不同专业领域的专家建立技术指导组，分10个片区对全省南粤古驿道重点线路和重要节点开展每月1次的“一对一”指导，并在指导前安排必要的宣贯会、学习会，对各条古驿道线路的保护、修复与活化利用的规划，南粤古驿道的相关政策文件，以及各条古驿道线路的资金安排、约束性任务安排做集中学习，确保每一位参与南粤古驿道技术指导的专家与志愿者对其负责的线路有全局性认识，对相关政策依据有深入了解，对需要指导的内容做好预判。

“三师”专业志愿者协会是南粤古驿道技术指导服务工作的中枢管理器，需要

“三师”专业志愿者曾宪川在中山市岐澳古道五桂山南入口为澳门同胞讲解南粤古驿道修缮工作（黄睿民拍摄）

制订并选出最佳工作方案后传达给技术指导组执行。清晰明了的工作程序、工作内容、工作方式、工作要求有效推进了技术指导工作向标准化和规范化方向发展，提高了指导工作的有效性。

“三师”专业志愿者协会是值得技术指导组专家信任的后勤服务部，它积极配合交通出行、人员调配与信息沟通等工作，保障各技术指导组能够无后顾之忧地如期完成任务。同时，“三师”专业志愿者协会还及时跟踪收集技术指导服务工作报告，整合、汇总和反馈指导意见。

“三师”专业志愿者协会是联通上下的桥梁和纽带，既能恪守本职，协助地方做好南粤古驿道保护与利用工作，又能反应迅捷地向主管部门汇报地方情况，并将主管部门的指示传达给地方。

南粤古驿道技术指导服务开展的三年时间里，“三师”专业志愿者协会在实践中总结经验，在经验中优化机制，体现了“三师”效率，铸就了古道品质。

（二）搭建技术合作交流平台

有效的技术指导服务工作离不开激烈的思想碰撞和热烈的观点探讨。“三师”专业志愿者协会为10支长期奔波在南粤古驿道一线的技术指导组创造了一片可以停下来畅谈与交流的天地。

在这里，参与编制各条古驿道线路保护修复与活化利用规划的项目负责人会对古驿道规划编制情况、规划实施情况及线路沿线村庄生态、生活、生产等方面的促进情况做汇报讲解，使技术指导组在开展工作前对自己负责的古驿道线路有全局性的认识并做好充分准备。

在这里，参与编制《南粤古驿道标识系统规划建设技术规范》《南粤古驿道维护管养工作指引》《广东省南粤古驿道保护与修复费用计价指引（试行）》等关键性政策文件的专家会组织志愿者们做集中学习，使大家将每一条标准、每一条依据都谙熟于心，工作起来更有据可依、有章可循。

在这里，参与制订南粤古驿道重点线路年度资金安排、任务安排的领导会为大家作详细的讲解说明，激发大家共同商定进度激励策略与质量保障策略，确保每一位参与南粤古驿道技术指导的志愿者对需要指导的内容都能做好预判。

在这里，技术指导组每月分享对口线路的工程进度、资金支付进度、建设质量、活化成效；探讨古驿道本体和历史遗存修复与保护的技术难点；共商沿线村、镇与古驿道互动发展的可行性策略。若干次的思想交锋，使志愿者们能够互相吸取先进经验、优化工作理念、提升指导水平、蓄足知识的电量，再赴征程。

（三）完善技术指导服务事项

技术指导组以《南粤古驿道保护与修复指引（2018年修编）》为技术指南，从南粤古驿道本体修复与保护、连接线建设与使用、历史遗存保护与修缮、景观节点与设施提升、生态复原与提升、地质灾害发现与处理六个方面进行技术指导，以解决各地古驿道因主管部门理念差异、施工单位水平差异而造成的保护与修复标准不一、效果参差不齐的问题。

在南粤古驿道本体修复与保护方面，技术指导组除重点考察修复材料配合比是否合理，铺砌方式是否符合工艺要求，边沟、边坡设施是否兼具生态性、实用性与美观性外，还对不同保存程度的古驿道本体提出不同的保护与修复措施建议，避免过度人工化及模糊历史与新建边界的情况出现。

在连接线建设与使用方面，技术指导组对车行道型连接线、县道/乡道型连接线、景观步道型连接线、绿道型连接线提出不同建设意见，以“少花钱、多共享、便于村、利于民”为原则，强化南粤古驿道的可达性、互通性与连接线的可识别性、多功能性，为未来发展全域旅游打下基础。

在历史遗存保护与修缮方面，技术指导组严格把关设计管理与方案审查，从源头上杜绝不合理的建设项目与改造工程落地；严格遵循原始性、真实性、整体性保护原则，用传统建筑工艺为古建筑“延年益寿”，协调周边新增建（构）筑物、设施的风格与色彩，使之符合整体氛围的营造。

在景观节点与设施提升方面，技术指导组分别就景观节点的选址、主题、视觉效果加以指导，就文化设施和服务设施的建设风格、建设质量、使用维护提出建议，就标识设施的布局合理性、内容准确性、材料耐用性进行检查。

在生态复原与提升方面，技术指导组严格监控南粤古驿道沿线生态环境，对生态敏感区的施工项目进行严格的环评报告审查，对古树名木保护工作进行科普宣传，保护、恢复树木的原生条件，对污染较重的河道提出清淤与垃圾处理建议。

在地质灾害发现与处理方面，技术指导组通过每一次的现场踏勘排查安全隐患，通过与村民、基层干部、古驿道管养团队建立联系掌握古驿道安全信息。如遇险情，技术指导组能够第一时间调动当地志愿者清理现场、设置警示牌，组织岩土专家以最快的速度做进一步地质安全排查，加固路基、边坡、护栏，防止灾害影响扩大。

对于已经竣工验收、投入使用的古驿道，技术指导组则以维护管养为重点对其进行考察。对照《南粤古驿道维护管养工作指引》，技术指导组核实工作责任主体是否对古驿道本体、古驿道连接线、古驿道相关遗存、标识系统、驿站（一、二级）、驿亭、休息点、公共厕所、垃圾收集设施、绿化景观等建设项目做有计划的日常巡查、清洁与维护工作；是否对生态修复点与地质灾害隐患做巡查与上报；是否对养护人员做系统的培训并建立起完善、有效的管理及反馈机制。

历经多年的实践与经验积累，技术指导组已日臻完善服务机制、服务标准、服务内容，确保了各条南粤古驿道线路在建设质量上达到高水平统一，在建后管养上能各显其能、各有千秋。

（四）联结基层群众与多级政府

“三师”专业志愿者协会是联系基层群众与多级政府的重要纽带，这一点在南粤古驿道技术指导服务工作中表现尤甚。

"三师"专业志愿者曾宪川、林金龙等人在坪石老街广同会馆内安装信息牌（黄睿民拍摄）

每一次技术指导都是深入乡村倾听村民声音的绝佳机会。在亲切的志愿者面前，村民无所顾忌，所思所想均可坦率直言，志愿者们会以朋友的姿态、亲人的口吻，把上到国家、中到省级厅局、下到"三师"专业志愿者协会制定的相关政策、指引、规划，用最通俗易懂的方式讲给大家听，直到为众人所接受。

每一次技术指导也是了解地方发展愿景、解决当地现实难题的重要时机。施工进度有没有持续，资金支付有没有到位，维护管养有没有开展，地方新策划的项目能否与南粤古驿道旅游发展相结合，新发现的村级古驿道遗存能否被纳入南粤古驿道的统筹规划建设中，怎么有效衔接新策划的赛事活动、节庆活动与古驿道资源……以上问题，技术指导组都会毫无保留地给出专业意见，为地方政府排忧解难。

每一次技术指导也是收集信息、向上级有关部门汇报情况的必要过程。作为南粤古驿道保护与利用工作的"总司令部"，广东省自然资源厅需要全面掌握全省18条28段古驿道及其沿线村庄的最新动向。而技术指导组好比广东省自然资源厅的双眼、双耳和双手，将前端种种事项条分缕析、如数反馈，让"大脑中枢"得以迅速反应，对当务之急作出精准指示。

此外，"三师"专业志愿者协会与广东省体育局、广东省文化和旅游厅等其他职能部门互联互动，与广东省广轻控股集团有限公司、香港赛马会等社会企业合作共赢，积极发挥"凝结剂"作用，合力助推南粤古驿道活化利用。这种"政府+企业+村+志愿者"各级联动、共同参与的工作模式是一项具有推广意义的创新举措，是"三师"智慧、"三师"效能的具体体现。

（五）活化古道以落实乡村振兴

南粤古驿道本藏迹于荒山野岭、村郊巷尾，沿线两侧5公里范围内分布着约1320个贫困村，占广东省贫困村总数的60%。南粤古驿道技术指导服务工作不仅要

“三师”专业志愿者出席 2017 年南粤古驿道“天翼高清杯”定向大赛云浮郁南站
（来源：南粤古驿道网）

唤醒沉睡已久的文化遗产资源，而且要借此机会激活若干的古村、旧村、贫困村。因此，“三师”专业志愿者协会从刚接手南粤古驿道技术指导工作，就已经开始筹谋如何将古驿道活化与广东乡村振兴结合起来。从最初针对历史文化名村、传统村落、古村落的点对点技术帮扶，到后来针对省定贫困村的建设难题破解，再到如今“古驿道+”模式引领下的品牌化、常态化、系列化活动，可谓越来越切中乡村问题本质，越来越贴近乡村民众所需，越来越符合南粤古驿道作为线性文化遗产的当代价值和时代意义。

最早启动的“大师小筑”·美丽宜居乡村行动，由中国勘察设计大师和广东省工程勘察设计大师领衔，带领志愿者队伍对乡村闲置农房进行改造，以提高农村人居环境水平。已开展的农房改造示范项目包括茂名信宜、清远连州、中山3个地区，已完成的景观建（构）筑物的设计包括珠海烟波草涌观景栈道、心悦池、曲水流泉、远芳驿站以及南雄梅岭驿站5项。但设计大师们并未就此止步，新的小筑选址已敲定在珠海香山古道（凤凰山段）。相信在不久的将来，南粤古驿道上、岭南乡村里将有更多融合了传统文化要素与现代设计理念的建筑作品拔地而起。

“三师”专业志愿者邱衍庆一行在潮惠古道开展技术指导工作
（樊志敏拍摄）

南粤古驿道文创大赛是传承乡村地域文化、助力农村产业发展的重要手段。该项赛事面向社会征集南粤古驿道沿线特色资源活化创意方案，择优评选后，再借助市场力量转化为文创产品，落地生产并投入销售。该项赛事已连办四届，反响热烈。众多参赛选手以文化创意的方式助力乡村振兴，大大激发了乡村文创市场潜能，提升了农副产品附加值，促进了广东乡村的“消费扶贫”。

而华南教育历史研学基地建设，以弘扬红色革命精神为宗旨，掀起了一股乡村红色文旅产业发展的旋风。2019年6月，“三师”专业志愿者在西京古道韶关乐昌段进行技术指导时，发现了保护意义重大的抗战时期“国立中山大学”等学校办学的历史遗址遗迹，并随即在广东省自然资源厅的支持下展开“华南教育历史研学基地”的策划。随着调研的深入，云浮、梅州、连州、浈江、大村被相继纳入华南教育历史研学基地的范畴。该项工作以铭记华南教育历史、提升当代青年爱国情怀、推动乡村文旅深度融合发展为目标，由知名高校、设计院（均为“三师”会员单位）和志愿者强强联合，开展基地基础研究，遗址遗迹保护与修复，闲置农房改造，村落整体风貌提升，活动的场地整理、宣传推广等工作，同时配合开展相关文旅活动，开启了粤北生态区“旅游扶贫”之新局面。

类似的品牌活动还有南粤古驿道定向越野大赛、艺道游学、一道一童谣等，触类而思，不一而足。这些对古道乡村影响深远的活动无不彰显着“三师”专业志愿者智慧的光芒、技术的力量和奉献的热情。

正如曾宪川所说，开展南粤古驿道技术指导服务工作，吸纳精锐的跨界技术力量，建立专家库，增强凝聚力与提高荣誉感，做好老中青传承，动员志愿者广泛参与各种志愿服务，是广东省凸显“三师”专业志愿者在乡村振兴等工作中的示范、推广作用的一个又一个工作创新。

（六）构筑媒介宣传前沿阵地

作为广东省崭新的文化名片，南粤古驿道既要在省内花开满园，也要在省外香飘万里，因此扩大宣传尤为重要。

南粤古驿道保护利用工作步入正轨后，官方网站、微信公众号、专属App（手机软件）相继投入使用，这些紧扣时代脉搏的新媒体技术成为南粤古驿道官方信息发布的重要支撑，为广大群众及时了解南粤古驿道工作动态、相关政策、旅游信息等提供了便捷渠道，为营造全民关注、全民参与、共护驿道的社会氛围打下了坚实基础。

此外，南粤古驿道也充分利用传统媒体加以宣传。2018年，广东省自然资源厅盛邀中国中央电视台为南粤古驿道倾力打造了3集专题纪录片，给全国观众呈现了一场来自岭南的历史文化盛宴。其后，《南粤古驿道风物志》《中国南粤古驿道发展蓝皮书：2018》《千秋粤道纪念邮册》《南粤古驿道地图册》等相继出版，群众足不出户便能领略古道之美、历史之美。

位于广州市应元路的南粤古驿道展厅是集中展示南粤古驿道建设成果的重要窗口。自2017年对外开放以来，该展厅通过图片、模型、实物、影片、VR（虚拟现实）等方式全方位呈现了南粤古驿道活化行动，讲述了古驿道的历史、风物。

第二章

规划先行　谋而后动

撰稿人：彭剑波　受访人：唐曦文　李鹏

受访人简介

唐曦文

"三师"专业志愿者，同济大学城市规划专业学士、硕士，国家注册城市规划师，现任深圳市城市空间规划建筑设计有限公司常务副院长、广东省"三师"专业志愿者协会副会长，具有丰富的城市规划管理与城市规划编制经验，主持及参与过多项城市规划设计与研究工作，擅长大型综合项目的运作管理以及规划专题研究，获国家级、省部级、市级等各类奖项四十多项。

李鹏

“三师”专业志愿者，“三师”专业志愿者委员会委员，华南理工大学建筑学学士，华中科技大学工程硕士，现任广东省建筑设计研究院有限公司院长助理、规划专业副总工程师，多个项目获新加坡规划师学会颁布的国际类最佳城市设计银质奖、全国优秀城乡规划设计奖、广东省优秀城乡规划设计项目奖等奖项。

习近平总书记在2014年2月考察北京市时指出，规划科学是最大的效益，规划失误是最大的浪费，规划折腾是最大的忌讳。这让规划的要求与要素有了基本的遵循标准。

“三师”专业志愿者、南粤古驿道交通规划总监、深圳市城市空间规划设计有限公司常务副院长唐曦文认为，“规划”二字，既是期许，也是对未来发展路径的安排。南粤古驿道的活化利用，实际上也为今后发展寻找合适路径提供了借鉴方向。

一、南粤古驿道规划“大事记”

“南粤古驿道规划有两个‘1+*N*’模式，一个是以《广东省南粤古驿道线路保护与利用总体规划》为主体规划，衍生出众多的工作指引和规范标准，从规划的角度提出南粤古驿道保护修复及活化利用的思路、路径；一个是将南粤古驿道的规划纳入各地的发展规划当中，促使当地主动思考南粤古驿道还能发挥哪些作用，怎么去跟当地的发展相结合。作为规划者，我们很欣喜地看到当地的主动作为与担当。”一直参与古驿道规划工作的唐曦文说。

据不完全统计，广东省已出台了12份南粤古驿道规划文本，包括《广东省南粤古驿道线路保护与利用总体规划》《广东省南粤古驿道保护修复指引及重点线路建设规划与实施项目》《南粤古驿道标识系统设计指引》《广东省南粤古驿道示范段规划建设标准研究》《广东省南粤古驿道管理和维护机制研究》《露营地规划建设指引》《广东省南粤古驿道保护与修复指引（2018年修编）》《南粤古驿道标识系统规划建设技术规范》《南粤古驿道维护管养工作指引》《南粤古驿道保护利用廉政风险防控工作指引》《广东省南粤古驿道保护与修复费用计价指引（试行）》《广东省南粤古驿道保护与修复工程总投资费用计价指引（试行）》。

自2016年启动南粤古驿道保护与利用工作以来，各地主动活化利用古驿道、古村落、古码头等历史文化遗产，串联开发山水林田湖草等自然文化资源，完美地融合其经济、生态、文化、休闲等多重价值功能，把南粤古驿道转化为开展乡村振兴、美丽乡村建设、精准扶贫、全域旅游、文旅融合、全民健身等战略、工作的有力抓手，将南粤古驿道的活化利用纳入当地的各项发展规划当中。主要的古驿道地方性规划有《2018年河源市粤赣古道保护和修复利用工作方案》《惠州古驿道线路保护与利用规划2018—2025》《乐昌市古驿道文化线路保护与利用专项规划》《梅州市南粤古驿道保护利用总体规划》《南粤古驿道广州段策划方案和实施计划》《韶关市西京古道重点线路(乐昌段)保护修复与活化利用规划》《南粤“左联”之旅规划》《南粤古驿道南雄市梅关——乌迳古驿道重点线路详细规划及建设方案》《梅州市大埔古驿道2018年重点线路规划设计》《梅州市梅县区古驿道活化利用推动原中央苏区乡村振兴示范项目(规划)》《梅州市阴那山古驿道(梅县区段)保护与修缮规划设计》《梅州市平远白岭村—成文村段古驿道详细设计》《梅州市平远湖洋村—湍溪村—东湖段古驿道详细设计》《梅州市平远川风坳—八尺梅州岃—盐铺潭段古驿道(八尺镇)详细设计》《梅州市平远中央苏区运输线和平远川风坳—八尺梅州岃—盐铺潭段古驿道(中行镇)规划设计》《潮州市饶平县古驿道保护和开发利用总体规划说明书》《汕尾海丰羊蹄岭—惠州惠东高潭古道重点线路(海丰段)保护修复与活化利用规划》《中山市岐澳古道保护利用规划及示范段设计》等。

(一)2012—2016年:各部门与“三师”专业志愿者的集体思考

“南粤古驿道保护与利用工作是从2016年开始的,而‘南粤古驿道’这个概念是在2012年11月首次被提出来的,当时广东省正在开展绿道建设,在建设过程中陆续发现了一些古驿道。这在当时就引起了时任副省长的许瑞生的关注,其间他带领我们这群‘三师’专业志愿者进行了约四年的集体思考与谋划。”唐曦文说。

据唐曦文介绍,2015年,在时任副省长的许瑞生的部署下,广东省各地已经逐步开始调查南粤古驿道的遗存情况。自2016年开始,时任副省长的许瑞生带着住建、旅游、文化、体育、交通等部门密集地到各地调研古驿道。2016年上半年,各部门汇总广东省古驿道遗存情况;下半年,“三师”专业志愿者把古驿道的分布情况投射到全省的国土空间上面,初步梳理出6条主要的南粤古驿道文化主题线路、4个重要出海口等重要节点,搭建了整个南粤古驿道的基本框架。这也是2017年出台《广东省南粤古驿道线路保护与利用总体规划》的过程。同时,为了避免南粤古驿道遗存遭到破坏性挖掘与利用,“三师”专业志愿者专门研究了国外文化线路、历史游径以及国内线性文化遗产的活化利用方式,形成了《线性遗产空间的再利用——以中国大运河京津冀段和南粤古驿道为例》《“南粤古驿道”文化线路的突出普遍价值与保护利用实践》《远芳侵古道,晴翠接荒城——西京古道的遗产价值和保护利用研究》等研究作品。

(二)2017年:首个“顶层设计方案”及配套规划文本出台

2017年,南粤古驿道首个省级规划文本——《广东省南粤古驿道线路保护与利用总体规划》(以下简称《总体规划》)正式出台。《总体规划》智囊团由“三师”专业志愿者组成,规划人员来自华南理工大学、广东工业大学、广东省建筑设计研究院有限公司、广东省城乡规划设计研究院有限责任公司、广东省文物考古研究院、广州市城市规划设计有限公司、深圳市城市空间规划建筑设计有限公司、广州市众家设计有限公司等专业机构。《总体规划》得到了广东省领导的亲自审阅与批示、广东省住房和城乡建设厅的牵头组织与评审,成为南粤古驿道活化利用的“顶层设计方案”。

《总体规划》对南粤古驿道的概念、文化线路的划分、规划目标与原则、总体规划布局、设施系统规划、功能开发策略、规划建设指引、实施机制、阶段性任务与保障措施等作出了明确的定义与说明。

《总体规划》出台后，同时配套了《广东省南粤古驿道保护修复指引及重点线路建设规划与实施项目》《南粤古驿道标识系统设计指引》《广东省南粤古驿道示范段规划建设标准研究》《广东省南粤古驿道管理和维护机制研究》等标准化文本，指导各市参照《总体规划》及相关要求，组织编制各县（市）古驿道文化线路专项规划和示范段详细规划，明确各市古驿道文化线路的规划目标、布局、设施配套、交通衔接、功能利用、实施保障等内容，并与《总体规划》充分衔接。

"《总体规划》的出台，是有利于大家理解南粤大地上的古驿道、形成对古驿道的总体印象的。可以说《总体规划》夯实了各地后续开展南粤古驿道保护和利用工作的规划基础，所有的后续规划设计都是建立在这个基础之上的。"唐曦文接着说，"《总体规划》及相关配套性规范、指引出台后，紧接着就是指导2017年提出的建设8个南粤古驿道重点示范段的工作。我们希望把《总体规划》及基础性研究的成果反映到示范段上，看看可以做成什么样。如果示范段的工作成功了，大家就知道从规划设计到施工的整个过程是怎样衔接的，我们应怎样展示当地的文化历史资源，应怎样保护南粤古驿道本体，怎样配套相关的设施了。"

（三）2018年：修编《南粤古驿道保护与修复指引》，适配新需求

2018年，广东省住房和城乡建设厅、广东省自然资源厅相继牵头统筹南粤古驿道保护与利用工作，提出建设11条南粤古驿道重点线路。河源、梅州、惠州、韶关、潮州、中山、珠海等地级市纷纷结合当地古驿道特点，出台了多项古驿道规划，并把古驿道纳入当地发展的全局规划中。

2018年，广东省住房和城乡建设厅、广东省文化和旅游厅修编了《广东省南粤古驿道保护与修复指引（2018年修编）》。该指引总结归纳了前两年的实践经验，是为了适应和满足新产生的南粤古驿道保护与修复需求，便于规划、设计、建设、管理和使用者准确理解古驿道保护与修复理念、原则和方法，保障古驿道修复质量、修复效果而编制的，对古驿道保护与修复的具体措施与方法进行了丰富和补充。从此，广东省境内的古驿道成了展示地域文化，推动实施乡村振兴战略，丰富户外体育活动，满足现代人健康、人文和生态需求的重要空间载体。

该指引提出，南粤古驿道修复是指对古驿道本体和附属设施的现状整修和重点修复。现状整修主要是规整南粤古驿道本体和附属设施的歪闪、坍塌、错乱部分和修补残损部分，清除被评估为不当的添加物等。整修中被清除部分和补配部分应有详细的档案记录，补配部分应当可识别。重点修复包括恢复南粤古驿道本体和附属设施结构的稳定状态，修补损坏部分，添补主要的缺失部分等。该指引扎实指导了当年广东省11条南粤古驿道重点线路的修复活化。

（四）2019年：汇聚全省经验，明确26种古驿道修复典型做法

"2016—2018年，广东省各地都对南粤古驿道的保护、修复和活化利用进行了

《广东省南粤古驿道保护修复指引及重点线路建设规划与实施项目》中明确的古道修复典型做法（李鹏绘制）

一些实践，其中有不少成功经验。为了规范施工图表达，切实保障南粤古驿道重点线路修复质量和效果，我们全面梳理了古人在驿道修建过程中采用的工艺、材料、形制，形成了《广东省南粤古驿道保护修复指引及重点线路建设规划与实施项目》规划文本。其中汇聚了全省的古驿道修复经验。”“三师”专业志愿者、广东省建筑设计研究院有限公司规划专业副总工程师李鹏如是说。

获得中国城市规划协会2019年度优秀城市规划设计奖一等奖的《广东省南粤古驿道保护修复指引及重点线路建设规划与实施项目》汇聚了广东省建筑设计研究院有限公司、广东省城乡规划设计研究院有限责任公司、广东省文物考古研究院、广东省地图院、广东省科学院广州地理研究所、广州市城市规划勘测设计研究院、深圳市城市空间规划建筑设计有限公司、珠海市规划设计研究院、广州亚城规划设计研究院有限公司、梅州市城市规划设计院有限公司、肇庆市城市规划设计院、天津大学建设设计规划研究总院有限公司、华南理工大学、广东工业大学、华南农业大学、中山大学、广州大学、广东外语外贸大学、广州美术学院等众多单位以及1000多名“三师”专业志愿者的专业力量。这个方案明确了26种古道修复典型做法，7种古桥、古码头等水利设施典型做法，4种排水沟工程典型做法，5种其他设施典型做法，扎实指导了南粤古驿道保护修复与活化利用工作。

李鹏认为，《广东省南粤古驿道保护修复指引及重点线路建设规划与实施项目》是对南粤古驿道修复及保护的阶段性成果与经验的总结。这个方案与2016年出台的《总体规划》是密切呼应的。《总体规划》是宏观层面上的思路设想，而规划方案是实践观照，是一次阶段性总结，是一次新的思考，也是为了更好地指导有关部门进行相关工作。

2019年，为规范广东省南粤古驿道保护与修复工程总投资费用和工程费用计算，保障古驿道的修复质量，广东省住房和城乡建设厅还组织编制了《广东省南粤古驿道保护与修复费用计价指引（试行）》《广东省南粤古驿道保护与修复工程总投资费用计价指引（试行）》《广东省南粤古驿道保护与修复工程费用计价指引（试行）》。

《广东省南粤古驿道保护与修复费用计价指引（试行）》是广东省建设工程项目计价的标准，是编审南粤古驿道保护与修复工程设计概算、招标控制价、施工图预算、工程计量与价款支付、工程价款调整、竣工结算、调解工程造价纠纷、鉴定工程造价的依据，也可作为企业投标报价、加强内部管理和核算的参考。

同时，广东省住房和城乡建设厅还发布了《南粤古驿道标识系统规划建设技术规范》。该规范共分为8章，内容包括：总则、术语、基本规定、标识系统规划、标识版面设计、标识构筑物设计、标识制作安装、标识系统建设各阶段的图纸审查和工程验收，为南粤古驿道标识系统规划建设作出了统一规范。

（五）2020年：指导全省做好维护管养及廉政风险防控工作

广东省自然资源厅印发了《南粤古驿道维护管养工作指引》《南粤古驿道保护利用廉政风险防控工作指引》等文件，指导全省做好南粤古驿道的维护管养及专项资金使用工作，着重思考古驿道的运维及后续发展等问题。

据介绍，《南粤古驿道维护管养工作指引》结合了广东省的实际情况，是根据《总体规划》和《广东省南粤古驿道保护与修复指引（2018年修编）》等相关要求制定的，适用于广东省行政区域内已修复竣工的古驿道的维护管养。

《南粤古驿道维护管养工作指引》中明确提到，南粤古驿道维护管养范围包括：古驿道本体、古驿道连接线、古驿道相关遗存、标识系统、驿站（一、二级）、驿亭、休息点、公共厕所、垃圾收集设施、绿化景观等的日常巡查、清洁与维护，以及新发现的古驿道遗存点、生态修复点与地质灾害隐患的巡查与上报等；规定了“坚持属地管理”“专业组织承担”“鼓励公众参与”三大工作原则；对巡查人员、巡查范围、巡查物资等工作细节也提出了具体要求。

为贯彻落实广东省委、省政府关于扎实推进南粤古驿道保护与利用工作的部署，2020年，广东省自然资源厅还印发了《南粤古驿道保护利用廉政风险防控工作指引》，针对古驿道保护与利用工作中的项目立项、项目招投标、规划设计、施工监理、资金拨付、工程验收和维护管养等全链条环节，梳理出17个廉政风险点，并提出31条具体、务实的防控措施，指导全省做好南粤古驿道保护与利用的廉政风险防控工作。

二、多元力量参与，全方位体现规划的科学性

在近6年的规划与实施过程中，南粤古驿道的规划成了一项由各大高校、科研

单位以及众多建筑师、规划师、工程师、设计师等专业力量通力合作的超级工程。

李鹏深有感触地说："成为'三师'专业志愿者，不断服务乡村和古驿道，我发现城市与乡村的发展是有差距的，这个差距不仅仅是经济上的，它是全方位的，包括文化和心理。所以非常需要我们这些专业志愿者成为催化剂，去撬动、导入更多资源，去打通互相链接的通道。"

他表示："对于我们这些规划师、建筑师来说，这是一种公共意识的集合，我们也非常乐意去做这个'急先锋'。与此同时，我们的乡村里面有好多有价值的资源，我们可以和用我们的专业能力，去把这些价值挖掘、释放出来，展现给城市。"

(一) 贯彻落实省政府工作部署，政府部门主导规划全过程

2021年1月24日，广东省第十三届人民代表大会第四次会议开幕，时任省长马兴瑞在会议上做省政府工作报告。报告指出，深化文旅融合发展，抓好标志性景区景点、大湾区文化遗产游径等建设，开发红色文化、南粤古驿道、少数民族村寨等精品线路，建设世界级旅游目的地。这是南粤古驿道保护与利用工作第六年被写入省政府工作报告。

随着南粤古驿道保护与利用工作的逐步推进和深入，古驿道的相关规划也随之配套完整、深化完善。在古驿道规划的编制与实施阶段，广东省住房和城乡建设厅、广东省自然资源厅等部门统筹主导全过程，组织"三师"专业志愿者多次实地调研与考察、召开工作会议、组织专家咨询论证会，并对规划实施过程进行监督与指导。

(二) 省内智囊云集，多元专业力量跨界参与规划

"我觉得用'多专业''跨领域'来概括众多的古驿道规划是比较准确的。"在李鹏看来，历经数年的南粤古驿道规划有着很鲜明的特征。

李鹏表示："我把它称为一次'跨界规划行动'，具体体现在其多专业融合、跨领域合作上。自2016年《总体规划》出台以后，全省各地都在遵循总体要求的基础上，各自创新地进行南粤古驿道的修复和活化利用。各级部门、规划单位、社会资本、志愿者、村民等力量都有介入，对古驿道修复与活化的思路、形式也不尽相同。多专业融合是指涵盖考古学、地理学、生态学、人类学、城乡规划学、建筑学等多个学科。跨领域合作则是指规划、建设、艺术、生态、教育、文旅、体育等各界的政府部门、设计机构、学者、学生、志愿者共同合作。"

同时，在政府部门的统筹主导下，全省11所高等院校和科研机构纷纷成立以"三师"专业志愿者为主要力量的南粤古驿道研究中心，具体有：中山大学南粤古驿道文化研究中心（南粤古驿道实践基地）、华南理工大学南粤古驿道研究中心、华南农业大学南粤古驿道研究中心（实践基地）、广东外语外贸大学南粤古驿道艺术文化研究中心、广州大学广东省文化遗产活化与乡村振兴研究中心（南粤古驿道产学研实践基地）、广州美术学院中国南粤古驿道研究中心、韶关学院南粤古驿道研究中心（实践基地）、广东省建筑设计研究院有限公司南粤古驿道研究中心、广东省城乡规划设计研究院责任有限公司南粤古驿道（历史文化游径）保护利用研究中心、广东音像出版社南粤古驿道音乐制作研究中心、广州市岭南建筑研究中心南粤古

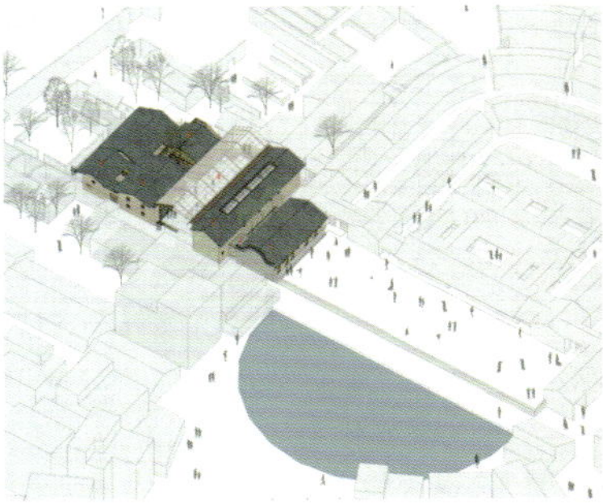

《古驿道之家——乡村建筑遗产活化设计》
平面图及效果图
[广州大学广东省文化遗产活化与乡村振兴研究中心
（南粤古驿道产学研实践基地）提供]

驿道实践基地（南粤古驿道自然与文化遗产研究中心）。

2019年，广东省建筑设计研究院有限公司专门成立南粤古驿道研究中心并继续投入精干力量全方位支持南粤古驿道相关的各项工作，以响应广东省委、省政府号召，践行社会责任。该研究中心组织了一批技术人员以“三师”专业志愿者身份参与到南粤古驿道保护与利用工作中，为2019年南粤古驿道“13+5”巩固提升和拓展新增工作提供技术指导，为茂名信宜古道、梅州兴宁—平远古道、广州从化古道、韶关西京古道等线路的巩固提升工作提供了有力支撑。

2021年初，广州大学广东省文化遗产活化与乡村振兴研究中心（南粤古驿道产学研实践基地）的规划成果《古驿道之家——乡村建筑遗产活化设计》获2020年度全国城乡建成遗产保护优秀学生设计作业评选活动建成环境修整类二等奖，这是继设计作品《破界》《围屋记》《庆典记忆》后再度斩获国家级奖项的作品。该规划成果将指导河源粤赣古道节点何新屋的活化利用。

据了解，该研究中心由广州大学建筑与城市规划学院、香港中文大学建筑学院共建，并吸纳了中国香港、意大利等地院校的专家力量，主要探索开展“古道学”视角下的建筑遗产活化理论研究与实践，特别关注作为乡村振兴重要动因的南粤古驿道如何结合文化遗产进行活化与利用。

三、体系化规划让南粤古驿道活化利用有了清晰路径

“南粤古驿道的规划其实是立体化的、成体系的，是科学的、合理的，是有一个完整的规划思路与延伸的。”目前形成的13个古驿道规划文本，既有对古驿道远景进行规划布局，也有对古驿道中短期保护、修复与活化利用的规划指导，形成了“规划—

修复—活化利用—管养维护—资金使用”的全过程、全链条指导体系，并且细化到南粤古驿道的具体修复做法。

2019年，中共中央国务院印发《关于建立国土空间规划体系并监督实施的若干意见》，提出将主体功能区规划、土地利用规划、城乡规划等空间规划融合为统一的国土空间规划并监督实施，实现“多规合一”；发挥总体规划对专项规划、详细规划的指导约束作用，彻底解决各类空间规划的差异与冲突，保障各类用地属性的唯一性和空间规划的权威性，最终形成国土空间的“一张蓝图”。

当下，广东省正在推动国土空间治理体系和治理能力现代化，加快构建“多规合一”的国土空间规划体系。着眼于“十四五”规划，南粤古驿道有了新的角色与使命。

“国土空间规划相关工作的一项重要原则就是守住底线。社会经济快速发展，往往容易忽略保护历史文化资源。而南粤古驿道保护与利用就是通过保护好自然资源、历史资源来守住这条底线。”唐曦文指出。

“‘规划’二字，既是期许，也是对未来发展路径的安排。南粤古驿道的活化利用，实际上也为今后发展寻找合适路径提供了借鉴方向。”唐曦文说。

（一）规划扎实指导实施

体系化的规划让南粤古驿道活化利用有了清晰的实施路径。以《总体规划》为例，该规划期限为2016—2025年，远景规划至2030年。阶段性目标如下：

（1）至2017年底，两年试点，形成示范效应。

完成“南粤古驿道典型线路及示范地区”建设，重点围绕示范地区的设施提升、遗产活化利用、村镇产业发展、农村人居环境改善等方面统筹规划，初步建立“南粤古驿道”品牌。

（2）至2020年底，五年成形，突出重点区域。

初步完成“南粤古驿道重点线路及重点发展区域”建设，沿线文化、体育、服务、标识等设施逐步配套完善，南粤古驿道综合功能和社会效益日益显现，使“南粤古驿道”在全国形成品牌效应。

（3）至2025年底，十年成网，塑造文化品牌。

基本完成全省6条南粤古驿道文化线路建设，古驿道线路、发展节点、特色镇村互通互联，成为“一带一路”倡议的文化品牌和经济发展走廊。

（4）至2030年，全省南粤古驿道文化线路的维护和管理规范化，保护与利用常态化、品牌化。

不断提升线路设施水平，形成多功能、网络化的南粤古驿道文化线路系统，实现遗产保护、健康休闲和村镇发展的和谐共赢。

“总体来说，南粤古驿道第一个‘五年计划’完成得是比较好的。”唐曦文说。他认为，南粤古驿道的相关规划清晰地指导了全省的古驿道的活化利用。“我们通过规划试点示范段、打造重点线路，发挥了带头作用。这几年地方的自主性、积极性明显提高，很多地方会主动思考、挖掘古驿道延伸出来的综合价值。这是我们作为规划者非常乐意看到的。我们还欣喜地看到古驿道的活化利用往纵深化、多元化方向发展。比较明显的就是现在依托南粤古驿道平台进行的‘华南研学’项目。此外，对南粤古驿道的规划也带动了地方大型企业的投资与开发，企业带着投资、管理的思维与体系，有意识、有责任感地把南粤古驿道与乡村振兴、文旅发展等融合起来。”

2017年，江门市台山海口埠古驿道被列入南粤古驿道保护与利用八个示范地区，台山市根据《总体规划》组织进行《台山“海口埠—梅家大院”古驿道示范段详细规划》和《海口埠码头详细设计指引》的编制工作，整合全市古驿道资源，对挖掘台山市古驿道文化内涵，发展文化、旅游、生态等产业，带动市域经济发展具有重要意义。

在实施过程中，“海口埠—梅家大院”古驿道示范段建设工作由台山市委宣传部牵头，与海上丝绸之路申遗相结合，从政府层面加以重视，由市委常委进行督办。委托台山百峰文化传媒有限公司全面负责示范段的规划设计、节点打造、宣传推广工作，并邀请“三师”专业志愿者进行实地调研与技术指导。该示范段规划从全市旅游的角度出发，前期启动了“梅家大院”“浮月村”“东宁村”等文化名村的旅游宣传，谋划合适的商业模式，试图将以上节点打造为台山市知名的旅游产品。在此过程中吸引人流，培育市场，再反哺各个文化名村，完成基础设施建设与改善人居环境，增加村民收入。该规划在现有资源节点开发已初具规模的基础上，依托南粤古驿道但不局限于南粤古驿道，串联各节点，形成了类型多样、产品丰富、观赏性强的旅游路线——“上泽墟—梅家大院—东宁村—海口埠—浮月村—五福村—斗山村”。

（二）规划指引建设修正

在南粤古驿道活化利用过程中，由于各地对古驿道认识不够充分，施工、维护、管理人员经验不足等原因，实际实践中时有“走样”情况发生。这些情况被委以古驿道技术指导重任的“三师”专业志愿者看在眼里。如清远西京古道（英德段）出现的三合土配比问题、铺砌方式均质化问题；又如茂名信宜古驿道出现的人工化痕迹过重的问题等。

“三师”专业志愿者实地调研后指出，补砌的古驿道本体要按照《广东省南粤古驿道保护与修复指引（2018年修编）》要求，采用与现场保存完好的古驿道本体一致的铺装方式，对于已修复的、人工化痕迹过重的路段，要通过空间节点设计、两旁植物种植和设施建设等手段进行改善。同时需加强对古驿道旁边建（构）筑物的管理，按相关规定进行整治,在规划与建设上多考虑未来活化利用的发展需要。

“目前我们已经在南粤古驿道活化利用的规划方面进行了一些探索与实践，未来还要规范地、常规地、可持续地进行下去。南粤古驿道的前景是非常开阔的。我们需要做的是成为一根根‘血管’，源源不断地把血液输送到古驿道及其沿线乡村。”李鹏饱含深情地说。

行动篇

第三章

遗产保护　文脉赓续

撰稿人：江家敏　受访人：曹劲

受访人简介

曹劲

“三师”专业志愿者，现任广东省文物考古研究院院长、二级研究馆员，长期从事文化遗产保护理论研究和重要文化遗产保护工作、行政管理等实践工作，并承担多处国家级、省级文物保护单位的修缮设计与保护规划工作。

2016年，贯彻落实全国文物工作会议精神座谈会在北京召开，来自文物界的专家、学者及各级文物工作者对习近平总书记关于文物工作作出的重要指示精神进行深入学习。习近平总书记强调，文物承载灿烂文明，传承历史文化，维系民族精神，是老祖宗留给我们的宝贵遗产，是加强社会主义精神文明建设的深厚滋养。保护文物功在当代、利在千秋。同时，他还提到要让收藏在博物馆里的文物、陈列在广阔大地上的遗产、书写在古籍里的文字都活起来。

为活化广东文化遗产、留住岭南历史根脉、增强广东文化软实力，自2016年起，广东在全国率先开展南粤古驿道保护与利用工作。其间，“三师”专业志愿者凭借自身在文物保护、修复、修缮方面的专业优势与多年参与广东乡村文化遗产挖掘、保护与活化的丰富经验，积极响应、踊跃参与，成为推动该项工作快速、稳步、优质开展的“领头羊”与“急先锋”。“三师”专业志愿者团队从南粤古驿道的发掘、保护和修复出发，助力全省乃至全国文化遗产保护事业，吸引公众寻找历史的“根”、追溯精神的“魂”，从而增强了人民群众的文化自信，擦亮了广东文化强省、中国文化强国的招牌。

一、“谈本质”：南粤古驿道是一种文化线路遗产

南粤古驿道以南粤地区古道网络为主要构成，串联着为数可观的世界物质文化遗产（如开平碉楼）、世界自然遗产（如丹霞山）、国家物质文化遗产（如孙文西历史文化街区）、省级物质文化遗产（如北京路历史街区），拥有数量繁多的历史遗存本体（如古道、古码头、古桥、古驿亭、界碑、指路石、古村、古庙等），承载着沿线地区的悠久历史文化、特色民俗和地方记忆，被学术界认定为一种特殊的、新型的文化遗产——文化线路遗产。

2008年，国际古迹遗址理事会通过了《文化线路宪章》，将文化线路作为一种新的大型文化遗产类型正式纳入《世界遗产名录》。自此，如何对文化线路进行保护成为国际文化遗产保护领域中的重要话题。该宪章对文化线路的定义作出了清晰的阐述。“三师”专业志愿者、广东省文物考古研究院院长曹劲解释道：“简单来说，文化线路代表了人们的迁徙和流动，代表了一定时间内国家之间和地区之间人们的交往，代表了多维度的商品、思想、知识和价值的互惠和持续不断的交流。”

作为亟待保护的历史文化遗产，南粤古驿道的概念从提出伊始就在不断扩展、延伸，层层叠进。道路的形成伴随着文明的演进，古驿道建设无疑是国家统治的重要手段，南粤古驿道的历史变迁让人们看到了我国古代用武力征服的战争之路，演变为沟通商贸往来、见证民族迁徙的文化融合之路的过程，它使得岭南地区从偏安一隅的封闭之地发展成为国家门户。正因如此，南粤古驿道不仅包含曾经辉煌宏阔的官方驿道，那些寂寂无闻的乡村古道也都被纳入保护对象的范畴。

二、“分类别”：南粤古驿道的文化遗产丰富多样

文化线路遗产日益为人们所重视，我国也已开始了对文化线路遗产的探索与实践，其中，广东省以南粤古驿道为抓手，发掘出丰富多样、类型复杂的文化遗产。在南岭以南的大地上，陆路与水路并举，官道同民道并行，南粤古驿道现有遗存表现出“少、散、远”的特点。

自2016年起，广东省启动了南粤古驿道保护与利用工作，至今已发现古驿道遗存202处、陆路遗存233条，总长710.44公里，这些数字还在不断增长中。从物质存在形态来区分，南粤古驿道文化遗产分为“物质文化遗产”和“非物质文化遗产”两大类。

(一)南粤古驿道的物质文化遗产

1.古道和交通史迹

南粤古驿道的遗产，不仅仅指古道本体，也包括古驿道及其相关附属设施。古道沿线分布着许多茶亭、驿站和关隘，如粤赣古道赤岭茶亭、肇雷古驿道雷州仙桥茶亭、岐澳古道桂峰茶亭、广韶古道（从化段）桃源洞古驿站以及南雄梅关关隘等，它们类似于现代高速公路上的服务区。另外，岭南地区水路众多，码头和桥梁也是南粤古驿道沿线不可或缺的部分，其中，既有简朴的石板桥，也有如潮州湘子桥般精美的桥梁，还有广州黄埔古港、汕头樟林古港、湛江徐闻古港、台山海口埠等南粤古驿道出海口纪念地。

2.城市与村落史迹

南粤古驿道上的文化遗产不止道路上的实物建筑，实际上，道路与聚落密不可分，古驿道为村落提供资源与人工，村落也为古驿道提供补给与支撑。如“岭南理学第一村”云浮水东村，是程颢后人为避战乱，通过南粤古驿道辗转南迁，在新兴江畔建立、繁衍生息而延续至今的村落；在韶关南雄乌迳古道旁，有一座古风依旧的村落——新田古村，它建于西晋建兴三年（公元315年），至今已有1700多年的历史，素有“中原南迁第一村”之称，历史上是连接中原地区与珠三角地区的重要中转站；南雄珠玑镇自唐开元四年（公元716年）张九龄奉诏率众凿通梅关古道以来，便是南雄的商业重镇，是南来北往的必经之地、中原南迁氏族的驻足地，如今更是中籍、外籍粤人的寻根之地。它们都反映了聚落与古道之间的互生关系。

3.商品生产与贸易史迹

商品生产与贸易史迹，反映了南粤古驿道在区域交流中所承担的经济职能。例如湛江徐闻二桥遗址附近发现的环壕遗迹中出土了珍贵的西汉早期文物，包括迄

今在除广州之外的东南沿海地区考古发现的唯一一件典型秦式蒜头壶口沿残片，为研究汉代徐闻港地望和海上丝绸之路发展史提供了新的素材；珠海东澳岛海关古道是目前广东省发现的唯一一条海岛古驿道，是广东省海关机构与海防要塞结合设置的重要代表。

4.多元文化史迹

南粤古驿道的文化职能由古驿道沿线的多元文化史迹体现。文化的交流、价值观的传播在古驿道上发生，并留下历史遗存来见证。探秘位于珠海的凤凰山古道与长南迳古道，发现它们穿越凤凰山，交会于岐澳古道，再通往澳门，它们不仅是古代珠海人民通往澳门谋求生计的通路，也是近代西学东渐的主要通道，推动着中国向近代社转型。

(二)南粤古驿道的非物质文化遗产

1.口头传统和表现形式

“口头传统”，广义上指口语交流的一切形式，狭义上则特指有悠久传承历史和较高艺术造诣的“语词艺术”，后者对应常用术语“民间文学”“口头文学”。南粤古驿道沿线的口头传统和表现形式聚焦于广东三大民系，尤其是广府、客家与潮汕三大民系的方言——粤语、客家方言、闽方言。以广州音为标准音的广州话，称为粤语；以梅州市区梅城口音的梅州方言为标准音的客家话，称为客家方言；以汕头方言为标准音的潮汕话，属于闽方言。用这些方言进行艺术性表演的粤剧（如《帝女花》《搜书院》）、客家山歌（如《十送郎》《万古流香》）、潮剧（如《扫窗会》《苏六娘》）等，同样丰富了南粤古驿道非物质文化遗产的内容。

2.表演艺术

表演艺术是南粤古驿道非物质文化遗产的重要组成部分，是丰富的民族民间艺术资源，与普通民众的生活息息相关，通常具有生活性、群体性等特征。如韶关仁化石塘村的“月姐歌”、连州古道的“唱春牛”、云浮郁南兰寨村的“禾楼舞”、湛江雷州的“傩舞”、潮州地区的“铁枝木偶戏”等都流传至今，它们传承了民俗文化的内涵，表现出当地民族民间艺术的特色。

3.社会实践、仪式、节庆活动

社会实践、仪式、节庆活动所包含的范围十分广泛，如生产商贸习俗、消费习俗、人生礼俗、岁时节令、民间信仰等，具有民族性、地域性、历史传承性、变异性、群体性、约束特定群体言行的规范性等特点。粤北西京古道沿线有千百年来不变的“石阶除道”民俗，当地居民为使西京古道可长久通行，每年九月都会自发进行道路清洁与维护。此外，还有韶关乳源的舜帝诞辰节庆、湛江雷州的石狗信仰、台山浮石的飘色艺术等活动，都展现了南粤古驿道沿线多彩多样、民族民俗特征明显的生活、生产特色。

4.传统手工艺

传统手工艺，是指从古代传承至今的、以手工劳动进行制作的具有独特艺术风

西京古道“石阶除道”民俗
（许化鹏拍摄）

格的工艺美术，纯手工或借助工具制作的产品。南粤古驿道沿线的阳春根雕享有盛名，它物尽其用，工艺独特，是广东省民间雕刻艺术的奇葩，是民间文化智慧和创造力的典型体现，是由古驿道串联起来的、散落在南粤大地上的“艺术珍珠”。传统手工艺还有广东剪纸、粤北瑶绣、潮州木雕、潮州刺绣、广州榄雕等。

三、“论价值”：保护南粤古驿道文化遗产意义大

作为文化线路遗产，南粤古驿道具有鲜明特色。第一，它历史跨度大、空间分布广，强调空间和时间上的连续性。第二，由于涉及整体，线路具备了比其组成要素总和更多的价值和文化意义。

广东省自然资源厅南粤古驿道保护利用工作领导小组副组长、二级巡视员方为民曾表示，自2016年南粤古驿道保护、修复和活化利用工作开展以来，近1000公里的古驿道重点线路得以修复与利用，古驿道沿线的历史文化遗存、红色革命遗址、非物质文化遗产等各类资源逐渐得到重视、传承、创新与活化，古驿道沿线地区迎来了新的发展机遇，走出了一条独具特色的复兴之路。古驿道保护与利用工作正逐步成为广东省践行文化自信、“一带一路”倡议、乡村振兴、精准脱贫、红色传承、全域旅游和全民健身等重要战略的坚强助推器。“南粤古驿道”作为一个整体性的文化、旅游、体育品牌已经得到越来越多的关注和认可。

如上所述，南粤古驿道并不是一个单纯的文物保护项目，它跨越时间的经纬，将那些遍布在岭南大地的文化遗产一一串联了起来，赋予了它们更丰富的含义。作为文化线路遗产的南粤古驿道不仅拥有重要的历史价值，在当代社会也有着不可或缺的现实意义。

（一）见证历史，传承文化

1.修复南粤古驿道，以保护村落、延续乡愁

南粤古驿道沿线散落的古村落及其村落史迹，是价值重大且亟须保护的古驿道物质文化遗产类型之一，它凝聚着人民生产、生活的智慧，反映地域人地关系、社群空间关系、传统文化、民俗风情和建筑艺术等内容，承载着先民聚落发展演替的史迹，补充和丰富了南粤古驿道的文化内涵。因此，在南粤古驿道的保护与修复工作中，不能遗忘沿线

古村落，要同时做好南粤古驿道保护、修复与沿线村落保护、发展这两项重要工作。

南粤古驿道保护与利用工作为沿线乡村带来了保护与发展的契机。2017年，时任广东省住房和城乡建设厅总规划师李永洁在调研南粤古驿道时指出，要深入挖掘村庄周边古驿道历史文化资源，以古驿道线路串联起各特色村庄。对南粤古驿道及其沿线村落进行修复与利用，对乡野风貌、民居艺术、民俗风情和历史文脉进行挖掘、保护与传承，进一步实现乡村的价值、延续人们的乡愁。

2.深入南粤古驿道，能传承红色文化之薪火

广东省拥有丰富的红色革命资源，而南粤古驿道沿线分布着众多红色革命遗址，这些凝结了中国共产党光荣历史的红色资源，在当代能激发人民群众的爱国热情，为人民群众提供不竭的精神动力。

近年来，相关部门深入南粤古驿道，深挖东江纵队香港大营救、寻乌调查、粤北华南教育历史等红色资源，将古驿道沿线红色文化资源及相关保护与利用工作结合起来，这不仅传承了红色文化之薪火，还充分发挥了红色文化鼓舞精神、凝聚力量的重要作用，一步步地将南粤古驿道打造成传承革命精神的红色之路。

3.走近南粤古驿道，可博物览志、以史鉴今

历史上，南粤古驿道水路、陆路相连，道与道之间有着千丝万缕的联系，不仅促进了南北通融，还产生了历史悠久、类型丰富、形式多样的文物遗产等资源。广东省在开展南粤古驿道保护与利用工作的过程中，注重对遗产资源的保护与利用，并在传承中华文化的过程中实现其创造性转化和创新性发展，为南粤古驿道及其沿线地区群众提供丰富的文化产品。

如今，为实现“博物览志，以史鉴今”，南粤古驿道沿线地区通过进行文物挖掘、文物展陈、文化宣传等工作，促进了南粤古驿道博物馆建设、南粤古驿道历史文化活化利用。例如寻找具有历史文化价值的事件和人物，产生与南粤古驿道往来联系紧密且富有吸引力的人文素材，打造“南北通融文化遗产线路”“葛洪与中医药”“汤显祖岭南行”“驿道古酒”及“西学东渐文化遗产线路”等特定主题的文化之旅。

(二)协同区域，共建湾区

南粤古驿道是历史上粤港澳三地陆路联通的主要交通体系，水陆兼备是其独有的特色。除了陆路之间的交流和联通外，粤港澳三地还通过南粤古驿道与海上丝绸之路的沟通，拓宽了三地的空间连接范围。地理空间上的连接带来了商贸往来、人口迁徙、文化交流等，使得粤港澳三地形成了同宗同源的文明以及血浓于水的情感共鸣。

如今，南粤古驿道也为粤港澳大湾区建设尤其是“人文湾区”“休闲湾区”提供了养分：一是南粤古驿道成为粤港澳大湾区城市优质的历史、文化、旅游生态公共产品；二是南粤古驿道深度融合粤港澳大湾区文化遗产建设，主动对接《粤港澳大湾区文化和旅游发展规划》；三是南粤古驿道助推粤港澳大湾区的区域合作，开拓文旅发展新领域；四是随着粤港澳大湾区文化和旅游合作日益深化，南粤古驿道文化之旅使三地从物理串联走向情感共鸣。

(三)综合发展，效益扩大

1.“古驿道+生态修复”促“两山”转化

当今社会，“绿水青山就是金山银山”的理念早已深入人心。近年来，南粤古驿道保护与利用工作将生态修复也纳入为其重要的工作内容，不断探索生态修复与景观提升的新路径。

同时，人与自然密不可分，生态保育与科普教育亦不可缺。在已成功举办的“驿路同游”等系列课程中，大、中、小学生通过探索古驿道学习各种知识，使南粤古驿道化身为精彩的户外课堂。这些活动，展现了南粤古驿道的自然生命之美，促进了人与自然的和谐共生。南粤古驿道已然成为一个开放式的自然历史博物馆。

2.“古驿道+产业融合”促乡村振兴

南粤古驿道活化利用行动，是广东省实现乡村振兴的“推动者”。广东省结合古驿道的建设，助力乡村振兴，让乡村地区富起来，是“以道兴村”的重要目标。

“南粤古驿道+产业融合”突破了部门的局限，实现自然资源、住建、体育、文化、旅游等多部门联动，通过各种专业技术，为南粤地区乡村提供知识援助，促进产业融合创新发展，带动乡村振兴。相关部门还举办了南粤古驿道文创大赛，吸引了众多高校和社会企业踊跃参加。许多文创作品已投入当地使用，真正做到“取之于民、用之于民”，为南粤地区古村落带来新生动力、提升造血机能。

广东省住房和城乡建设厅副厅长郭壮狮表示，自2016年以来，在广东省政府的工作部署和时任副省长许瑞生的具体指导下，广东省率先在全国开展南粤古驿道保护与利用工作，通过挖掘、修复古驿道，串联沿线的历史遗存、历史文化城镇村以及自然景观资源等节点。南粤古驿道已经集聚了体育、农业、文化、旅游、生态等不同产业发展的资源要素，成为推动广东乡村发展的一股强劲动力。

3.“古驿道+全民健身”促乡风焕新

如今，全民健身风气渐盛，广东省作为我国著名的运动强省，人民对体育健康的需求更加迫切，这点在南粤古驿道沿线乡村中尤为明显。

户外运动赛事是最早在南粤古驿道上开展的活动。“古驿道+全民健身”，第一次将定向越野运动引入到富有文化底蕴的南粤古村落，并产生了深刻影响。南粤古驿道的红色徒步、定向越野、航空飞行、汽车集结等系列赛事越办越多，随着南粤古驿道品牌赛事不断打响，越来越多沿线群众自发组织参加古驿道休闲体育活动，这不仅强健了村民的体魄，还促进了南粤各地乡村的乡风焕新。

南粤古驿道定向大赛
（来源：南粤古驿道网）

四、“守原则”：分类分级保护南粤古驿道的文化遗产

南粤古驿道保护是指为保存南粤古驿道本体、附属设施及其环境和其他相关要素进行的全部活动。保护的目的是通过技术和管理措施真实、完整地保护南粤古驿道的历史信息及价值。而南粤古驿道修复，则是指对古驿道本体和附属设施的现状整修和重点修复。

南粤古驿道的文化遗产价值意义重大，但其遗产类型复杂、保存状态参差不齐，保护、修复存在一定难度。因此，在实施保护和修复时，要严格遵守南粤古驿道保护与利用原则，更加科学、合理地对古驿道文化遗产进行分类分级保护。

为对南粤古驿道实施有效保护和利用，真实完整地保存、修缮、恢复古驿道历史信息及价值，2016年10月26日，广东正式出台《广东省南粤古驿道保护与修复指引及重点线路建设规划与实施项目》（以下简称《指引》），文件明确了南粤古驿道的分类以及保护与修复的原则，还通过制定规范的标识系统，促进古驿道资源的开发与利用，以满足现代人日益增长的人文和生态需求。

（一）分类与分级标准

《指引》针对南粤古驿道具体的、不同的保护情况对古驿道进行明确的类型分类与保存状况分级，要求各地因地制宜，根据分类和现状的不同，提出不同的保护与修复策略，并对保护与修复的材质选择、施工技术、安全防护措施和空间环境的营造提出明确的要求，确保修复的质量和效果。

1.古道类型分类

《指引》依据所在区域自然环境的特点将南粤古驿道分为山地型古驿道、平原型古驿道、滨水型古驿道、村镇型古驿道和古水道五种类型。

山地型古驿道，根据地势，又分为修建在地势较平缓地段的平缓型（如南雄梅关古道）和修建在地势较陡峭地段的盘山型（如珠海长南迳古道）。平原型古驿道（如韶关西京古道），修建于平原地区，串联村镇，路基与路面齐平，两侧为农田，现多作为田埂路使用。滨水型古驿道（如陆河三溪古道营下段），修建于濒临溪水的山谷，多处山地泄洪区域。村镇型古驿道为村镇的主要街道和巷道（如韶关珠玑古巷）。古水道则分为串联省域层面历史上交通节点的干线水道（如肇庆潇贺古道）和串联历史上城镇交通节点的支线水道（如云浮南江古水道）。

2.保存状况分级

南粤古驿道根据自身保存情况，分为基本完好、轻微残损、严重残损、覆盖和灭

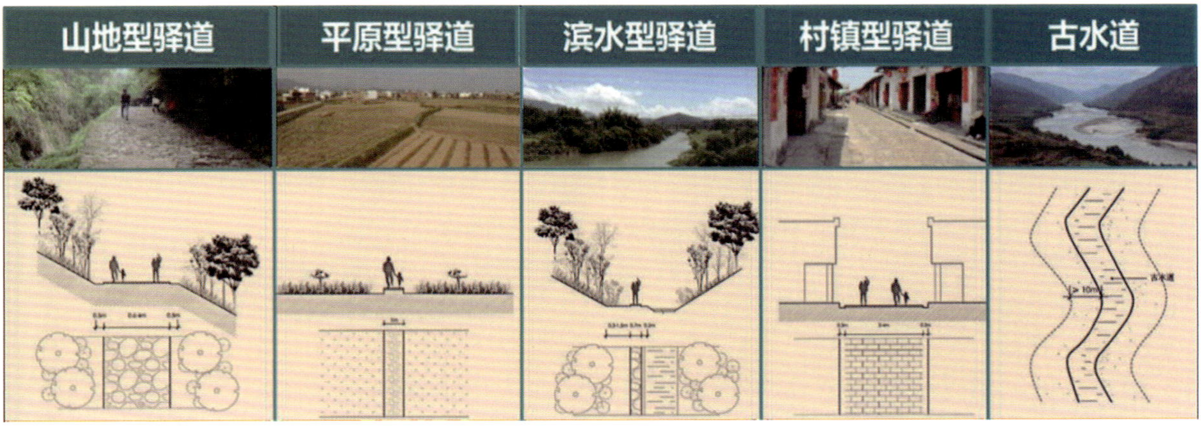

南粤古驿道类型分类
（广东省文物考古研究院绘制）

失五个等级。

基本完好，是指线段完整、地基稳定、路面基本完好的古驿道；轻微残损，是指线段完整、地基稳定、路面局部破损的古驿道；严重残损，是指线段不完整，或路面被严重破坏，或存在安全隐患的古驿道；覆盖，是指由于城镇建设、自然灾害等因素被覆盖掩埋的可通过考古勘探发掘出来的古驿道；灭失，是指因人为或自然因素导致完全损毁、无迹可查的古驿道。

(二)保护与修复原则

为切实保障古驿道修复的质量和效果，《指引》明确南粤古驿道保护与修复的原则，包括原真性原则、完整性原则、科学性原则、安全性原则、生态性原则和可持续性原则。

1.原真性原则

原真性指文化遗产保存原状、保存现状与历史信息的真实状况，而遗产保存的原真性是评估南粤古驿道遗产价值和确定其保护等级的核心标准。南粤古驿道本体的保护与修复应当按照原材料、原工艺、原形制、原结构进行设计和施工，其历史环境及其反映的历史、文化、社会等相关信息应真实可靠。

2.完整性原则

南粤古驿道的保护与修复是对其价值、价值载体及其环境等体现古驿道价值各要素的完整保护。完整保护是指在对古驿道沿线所有的历史文化遗存保存现状进行全面调查和评估的基础上，对古驿道及与其遗产价值相关联的自然和人文景观构成的环境进行统一保护，保护好历史遗存的真实载体和古驿道沿线的生态格局。

3. 科学性原则

南粤古驿道保护与修复注重科学性和专业性，科学研究须贯穿于保护与修复工作的全过程，所有保护与修复措施要以学术研究成果为依据。其中，重要的保护与修复工程要开展多学科合作，邀请建筑师、工程师、规划师、考古学家、地理学家、历史学家、民族学家、宗教人士、经济学家、文物保护工作者、遗产地管理者和本土人士等参与。

4.安全性原则

南粤古驿道的保护与修复应以安全保障为客观前提，应建立涵盖南粤古驿道本体和附属设施保护、安全排查、灾害预警信息发布、后期维护和事后紧急救援的全流程安全保障体系，切实保障南粤古驿道本体、附属设施及游客的安全，减少安全隐患。

5.生态性原则

南粤古驿道的保护与修复，应有助于维护与改善沿线的自然生态环境，同时在

郭壮狮在技术指导现场考察中肯定了珠海市的古驿道修缮做法（来源：南粤古驿道网）

南粤古驿道建设的过程中应坚持原生态、再利用、再循环原则，确保对原生态环境产生最少的影响，实现生态和谐。

6.可持续性原则

南粤古驿道保护与修复应采用动态管理、持续利用的机制，满足文化活动、户外活动等项目的举办要求，在保护历史文化遗存、维护其周边环境的基础上，修复设计可根据使用功能，适当加入与南粤古驿道相协调、有特定地域特征或时代特征的建筑元素，让文化遗产的保护与传承具有可持续性。

五、“显技术”：“三师”专业志愿者为文化遗产保驾护航

(一)找遗存：发掘南粤古驿道文化遗产价值

南粤古驿道是广东省十分宝贵的历史文化遗产资源，它历经了两千多年的创造、积淀、延续、传承、发展，历史悠久，源远流长，可以说，它是展现历史文化发展脉络的重要载体。通过南粤古驿道，人们可以看到广东发展史的缩影。在南粤古驿道上，人们也可以找到许多中国优秀传统文化遗存的瑰宝。

据曹劲介绍，“三师”专业志愿者对南粤古驿道历史文化信息的挖掘主要包括两个方面。

一是现场的走访和调查，“三师”专业志愿者会到乡村、田野里去，踏上古道，走访村民，和当地老人聊天，并进行现场勘探工作。“比如说一些乡村里看起来很不起眼的小房子、茶亭，当它们被放到古驿道的概念中去理解的时候，它们的存在就变得更加有意义，而古驿道本身也会因此变得更加完整。”曹劲说。

2021年3月，“三师”专业志愿者实地调研粤赣古道河源东源段时，当地文化站的退休工作人员朱巨财凭借自己儿时的记忆，带领“三师”专业志愿者寻找古道，并

朱巨财带领“三师”专业志愿者调研古道
（彭剑波拍摄）

手绘古道线路，将顺天镇、涧头镇中多个村的古道串联成完整线路。

二是对相关史料的爬梳，“三师”专业志愿者到图书馆、档案馆查阅文献、查找资料，对相关的信息进行提取，再加以组合。“比如很多历史信息里讲述到有许多南下的官员、上京赶考的学生、南来北往的客商等曾在古驿道上进行过丰富的活动，这些故事使南粤古驿道的历史画卷变得更加鲜活，使有关古驿道的信息更加完整。总的来说，我们通过史料梳理和现场踏勘，可以发现一些原来被忽视的遗迹、被淹没的历史。”曹劲补充，“像惠州的葛洪与中医药文化线路，正是在挖掘罗浮山古道文化遗产时发现、打造的。”

相关数据显示，“三师”专业志愿者在参与南粤古驿道保护与修复工作过程中获得了丰硕的成果：发现历史遗存300多处，修缮历史遗存230余处，其中西京古道、磨刀山遗址、中央苏区秘密交通线等多处重要遗址成了全国重点文物保护单位，为广东省文物保护与利用工作提供了专业技术支持，引起了社会对文化遗产保护的广泛关注。

(二)定计划：划定保护范围，制订修复计划

如今，对南粤古驿道文化遗产的保护、修复与活化利用通过“政府倡导、专业志愿者支撑、部门无私合作和资源共享、社会大众参与”的方式，实现了真正的“八方

汇流”。为进一步利用好这些资源，在进行保护与修复前，相关部门更要对保护范围进行划定，制订具体的修复计划。

据了解，曹劲带领的“三师”专业志愿者团队从考古研究的方面出发，在实地走访的过程中对南粤古驿道沿线的遗址遗存（茶亭、驿站等）进行各方面的评估——一是对其历史文化价值的评估，二是对其保存现状的评估，并开展必要的测绘。针对不同的评估结果，采取不同的保护与修复方式。例如，一些年久失修但原来格局基本保存较好的，像西京古道的心韩亭、梯云岭亭，就采取运用原材料、原工艺进行修缮的方法，消除其安全隐患，同时将其活化成能满足现代人需求的功能场所，如赛事活动的休息点、村民日常生活的休憩地等，让它们继续融入人们日常生活中；而一些建筑经过岁月的侵蚀，基本上只剩下遗址的，“三师”专业志愿者建议在原址上进行保护，并进行清理和加固，让它以遗址的状态存在，使人们在该遗址前驻足时，更能感受到岁月的流逝、历史的沧桑。

曹劲解释道，为满足展示要求，适度的建设是必要的。但在充满山野之美和古之幽情的南粤古驿道上建造服务设施，要审慎地选择地点、控制规模。新建及改建的建筑设施不宜过于突出建筑的形态，要避免建造体量不协调的建筑，建议采用自然、简朴的材料和建造方式，尽量低调、保持原生态，还要优先考虑易用的、低成本的技术，并且建造内容都应是当地村民、工匠就能完成的。在这种前提下，隐蔽部位还可以采取新材料、新技术，以便更好地适应岭南山地潮湿、多雨的气候，降低修葺和维护成本，使建筑更好地融入自然环境中。以上这些都是制订修复计划时应考虑到的具体细节。

(三)做修复：专业指导南粤古驿道保护与修复施工

“三师”专业志愿者在指导全省各地古驿道本体修复及其沿线遗存修复时，要求各地须按照《广东省南粤古驿道保护与修复指引（2018年修编）》的要求，严格遵循原真性原则、完整性原则、科学性原则、安全性原则、生态性原则和可持续性原则，从而保证南粤古驿道历史信息及其来源的真实性，减少安全隐患，维护与改善南粤古驿道沿线的自然生态环境。

首先，在修复古道过程中，要基于南粤古驿道作为文化遗产这样的一个基本属性，坚持原真性原则、完整性原则，这也是对待文化遗产应有的基本态度。文物的历史价值是它自身很大的一个特性，文物本身随着岁月流逝而获得的价值是无法复制的，一旦损失就不复存在。如西京古道、梅关古道这些苍茫古道，它们饱含岁月痕迹与山野之美的同时却又日渐凋零，可以说，山野之美、残迹之美和古之幽情，正是它们的特色价值所在，因此，在修复时要严格按照最小干预原则，不改变文物的原状。

其次，考虑到古道在当下的使用，还要衡量它的安全性、生态性——针对山洪倾泻等自然灾害可能会对古道造成潜在危害的情况，增加必要的防洪、排水设施；为了满足大众行走安全，设置一些必要的防护设施；对古道沿线的景观营造要尽量遵循低干扰度、可持续发展的原则。

最后，为更好地突出南粤古驿道的历史文化价值与地位，还需对文化遗产进行价值阐释。文化遗产价值阐释的方式是多样的，比如在重要节点设置信息驿站，通过碑文、展示牌或二维码扫出的信息，让游客了解古道上的故事及一些必要的地理信息；在个别地方，还可以举办一些小型展览，通过各种方式把古道故事讲给公众听。

方为民与工作组在西京古道进行技术指导
（来源：南粤古驿道网）

西京古道（乳源段）沿线的植物科普标识
（来源：南粤古驿道网）

(四)保效果：对接当地部门，落实保护效果

自2018年起，“三师”专业志愿者协会连续4年受广东省自然资源厅（2019年以前为广东省住房和城乡建设厅）委托，开展南粤古驿道重点线路技术指导服务工作，确保与提升各地南粤古驿道活化利用质量，为当地决策部门提供专业支持。

目前，珠海长南迳古道和韶关梅关古道、西京古道等的保护成效显著。已经投入活化使用的古驿道，在竣工验收后依然受到“三师”技术指导组的持续关注。他们不定期地对相关古道进行实地调研勘察，向当地部门了解古驿道维护管养和活化利用的情况，确保古驿道保护与修复效果经久不衰。

方为民指出，西京古道（乳源段）是广东省近几年重点推动的古驿道线路之一，保护与利用工作已取得较好成效，尤其是西京古道猴子岭段在植物科普方面成效较明显，是广东省南粤古驿道植物科普方面的“示范段”。2020年南粤古驿道技术指导组持续关注该古驿道，在实地调研时，他们对西京古道猴子岭段的解说类标识提出了提升建议。

技术指导人员在现场对西京古道标识提出提升建议
（来源：南粤古驿道网）

六、“讲故事”：“三师”保护西京古道文化遗产之路

在韶关梅关古道西边不远处，有一条连接南北的驿道——西京古道。和梅关古道相比，它的知名度稍低一些，然而，其历史地位和前者一样不可估量，而今其更是南粤古驿道文化遗产保护与修复工作的典型代表。

(一)西京古道文化遗产的价值挖掘

“古道悠悠两千年，长亭芳草碧连天。残碑断碣记前史，石板青青载渊源。”韶关乳源资深文史专家许化鹏是这样描述西京古道的。在他看来，西京古道是目前岭南

西京古道
（广东省文物考古研究院拍摄）

西京古道（乳源段）示意图
（广东省文物考古研究院绘制）

地区发现的十多条古道中，有文字记载的历史最长久的、保存最完好的古道。

“三师”专业志愿者在挖掘西京古道文化遗产价值的过程中，发现除政治和军事功能外，西京古道还向岭南地区传递了丰富的中原文化，促进了岭南地区和中原地区的文化交流，是南粤古驿道通融南北文化遗产线路的重要组成部分，有重要的保护与利用价值。

西京古道位于广东韶关，是广东省文物保护单位，在历史上起过非常重要的作用，也是南粤古驿道的重要组成部分。西京古道始建于西汉建元六年（公元前135年），距今已有近两千年的历史，是汉武帝时期岭南各地通往京城“西京”（今陕西西安）的必经之道，也是如今韶关乳源风景区中著名的历史文物旅游景点和游览胜地。此外，它还是有文字记载的陆上丝绸之路对接的最早通道之一，也是一条具有“古道西风瘦马”“长亭外，古道边，芳草碧连天”意境的古道。历史悠久的西京古道被称为古代京城通往岭南地区的“高速公路”，在梅关古道未开通前，它是连接南北交通的一条重要道路，有着多种称谓，如“西京路”“西京驿道”“西京通路”，目前留有腊岭段、梯云段、猴子岭段等十多公里。

西京古道逢山开道，遇水搭桥，沿线村庄密集，古桥梁、古凉亭、古村宅、古民居至今仍历历在目。经实地踏勘，“三师”专业志愿者发现西京古道（乳源段）保留较完整的路段有梯云岭段约2.5公里、猴子岭段约2.5公里。历经两千多年，梯云岭段至今仍较完整地保存着约三千米的古道遗存，一路上古亭、古碑无数，甚至还依稀存有当年留下的马蹄印。

目前，广东省省内古驿道遗迹最为丰富的地区是韶关。西京古道及其沿线的古文化遗存，是旅游、考古、科研以及挖掘岭南历史文化不可多得的珍贵实物资料。2005年8月15日，西京古道被公布为韶关乳源瑶族自治县文物保护单位；2012年10月20日，西凉古道又被公布为第七批广东省文物保护单位，文物本体包含了梯云岭段、猴子岭段和红云仰止亭。2016年，为更好地保护南粤古驿道，广东省政府工作报

西京古道（乳源段）梯云岭段及其文物分布图
（广东省文物考古研究院绘制）

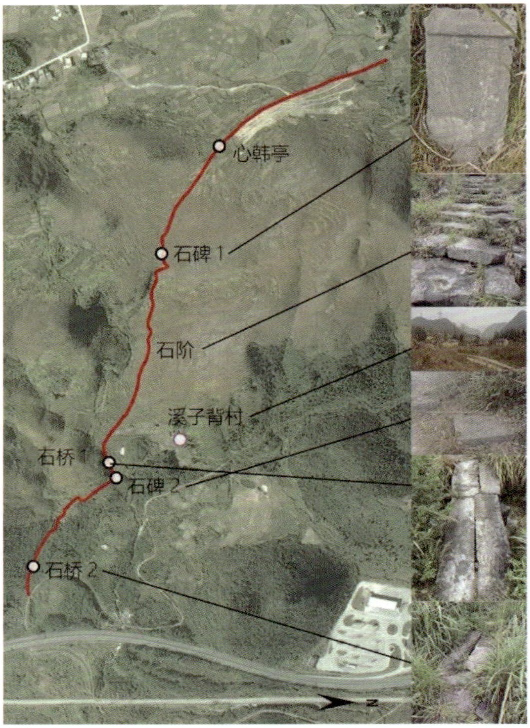

西京古道（乳源段）猴子岭段及其文物分布图
（广东省文物考古研究院绘制）

告开始将南粤古驿道的保护和利用纳入其中，西京古道也由此迎来了前所未有的保护与发展机遇。

“三师”专业志愿者在实地踏勘和史料收集的过程中进一步肯定了西京古道的价值与重要性。它是中原文化最早进入岭南地区的古驿道，在省域层面从属于粤北秦汉古道。乳源示范段为西京古道东线的重要组成部分，在唐宋时期兴盛一时，反映了南粤古驿道中极其重要的空间特征和文化属性。这条古驿道不仅拥有深厚的历史文化底蕴和优美的自然风光，同时还拥有古亭、古村、古桥和古驿站等重要历史文化遗存，是一条反映了岭南军事文化、宦游文化、商贸文化和广东历史变迁的文明之路，是广东省不可多得的历史文化资源。

2019年，国务院正式发布《国务院关于核定并公布第八批全国重点文物保护单位的通知》，公布第八批全国重点文物保护单位共762处，另有50处与现有全国重点文物保护单位合并。其中，“三师”专业志愿者参与保护和修复的西京古道作为古遗址类型榜上有名。

(二)西京古道文化遗产的保护与修复

五年多来，“三师”专业志愿者多次行走在西京古道上，以其专业技术使西京古道及其沿线的文化、文物、遗产焕发新活力。

李永洁率队督导韶关西京古道
（来源：南粤古驿道网）

2017年，南粤古驿道保护利用工作第三指导组赴韶关实地调研西京古道时，组长李永洁便已强调南粤古驿道保护与利用的原真性原则，还建议西京古道的修复要充分结合沿线的资源，打造南粤古驿道的广东北大门，促进当地的经济发展。

此后，南粤古驿道技术指导组在对具有两千多年悠久历史的西京古道进行修复时，一直坚守其保护与利用的首要原则，即保持古驿道的原真性、完整性，维系古道时光之美，突出南粤大地之美，开展适度的保护与修复，避免在保护、修复西京古道的过程中出现建设性的破坏。

曹劲指出："蜿蜒于山野之间的古驿道，与其依存的环境共同构成了青山如黛、芳草萋萋的空间美学，对古驿道的完整性保护，应包含对物质环境和历史文化环境的保护。"

作为特殊的线性文化遗产，古代道路总是与地形、地势融为一体。为此，"三师"专业志愿者在西京古道的保护规划中提出调整保护区划的要求。根据道路、水系和山脉等自然边界进行区划调整后，他们将古驿道所处的"两山之间，山石密布"的自然历史环境划入保护范围和建设控制地带的两线范围内，提出了加强生态保护、防治水土流失、杜绝人为破坏的要求，明确了山脉、水系同属文物文化资源的历史环境，应该对其进行严格保护，不得破坏或者随意改变；在建设控制地带内建设工程，不得破坏保护范围内的自然环境和环境风貌的协调性。

2018年，郭壮狮率队实地踏勘西京古道时也明确提出："要抢救性挖掘和保护好古道本体、驿亭、古桥、古碑等珍贵遗存，让西京古道焕发出历史的韵味；要充分考虑安全性，合理确定连接线，将梯云岭段、五里桥段、猴子岭段等古驿道本体串联起来，形成连续的、具有吸引力的徒步路径；要充分运用村庄或古驿道周边现有建

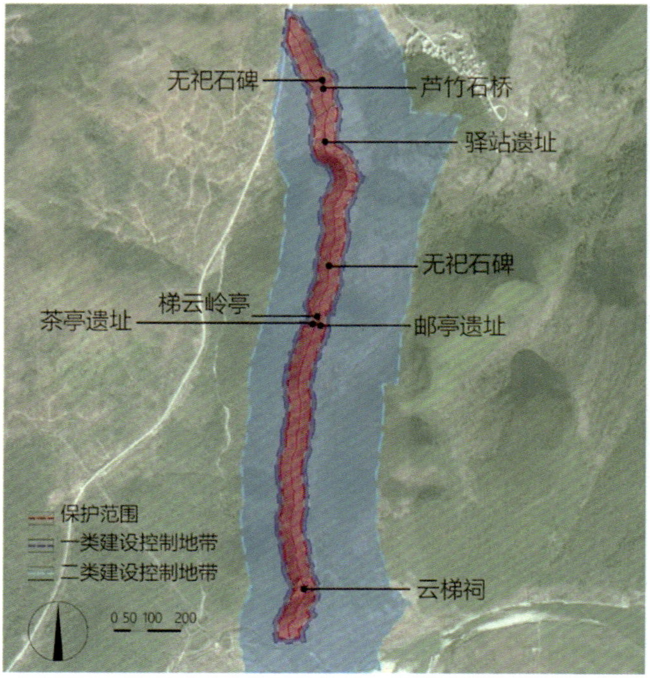

西京古道（乳源段）梯云岭段保护区划图
（广东省文物考古研究院绘制）

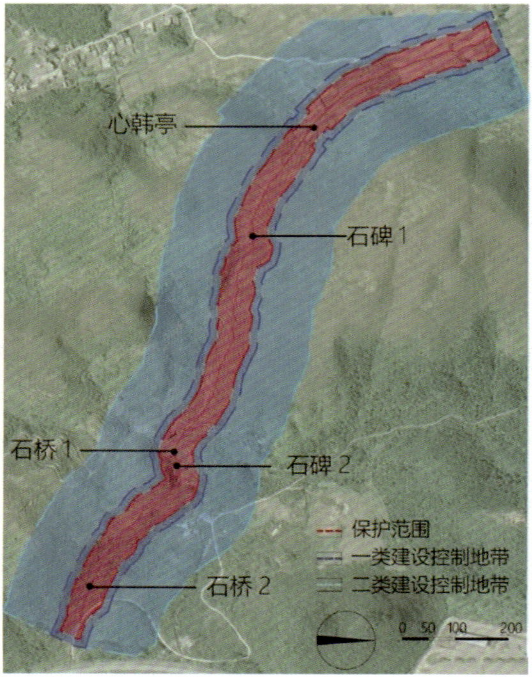

西京古道（乳源段）猴子岭段保护区划图
（广东省文物考古研究院绘制）

筑物，完善游客中心、大型活动场地、停车场、旅游厕所等基础配套设施建设，满足现代人的旅游需求。”

西京古道的梯云岭茶亭遗址也许会成为这条古道上最别致的景观——“三师”专业志愿者考虑到它的位置与面积适宜，拟将其活化改造为一处补给点，提供休憩和补给服务。这也体现了古道遗迹的使用和利用，即将它沉浸于现代生活当中，赋予它新的功能、记忆及生命。

“三师”专业志愿者用设计创造了一个更舒适的空间，一方面，可以更好地保护和展示遗址，帮助人们去了解古驿道及其历史；另一方面，可以为当地村民出行、观光客漫游和运动员徒步提供必要的休憩之所，这是将古老茶亭的传统功能以另一种方式来延续。

像西京古道这样的例子，在南粤古驿道文化遗产保护与修复工作道路上数不胜数，如今这些陈列在南粤大地上的文化遗产经保护与修复，从沉寂中醒来，拥有了崭新的、具有时代性的生命力，再次“活”了起来！

第四章

村落保护　乡愁永续

撰稿人：林思敏　受访人：朱雪梅

受访人简介

朱雪梅

“三师”专业志愿者，“三师”专业志愿者委员会委员。毕业于华南理工大学，获建筑历史与理论博士学位。广东工业大学建筑与城市规划学院教授、中国建筑学会建筑史学分会理事、中国民族建筑研究会常务理事、广东省文物保护专家委员会委员、广州市规划委员会委员。广东省首批南粤古驿道保护利用工作志愿者、韶关南雄市[梅关—乌迳古道、华南教育历史研学基地(大村)]技术指导组组长。

近些年，中央高度重视农村发展，习近平总书记也在大理市湾桥镇古生村考察工作时强调，新农村建设一定要走符合农村实际的路子，遵循乡村自身发展规律，充分体现农村特点，注意乡土味道，保留乡村风貌，留得住绿水青山，记得住乡愁。这要求我们在乡村建设中要理解农村的价值，对其独特的乡野风貌、民居艺术、民俗风情和历史文脉进行挖掘、保护和传承，把握乡村建设的特殊性，用科学、合理的措施解决乡村保护与发展难题，带动更多人关注、参与乡村建设，感受、体验和共享乡村价值和建设成果。

“三师”专业志愿者协会以南粤古驿道为连接线，对传统村落进行深入调研，秉承以人为本、创新传承、科学发展的理念，采取完整保护、有机更新、综合开发、协调利益等措施保护和发展传统村落，实现传统风貌、人居环境、经济发展的同步优化及提升，为乡村振兴和可持续发展提供思路。

一、走近南粤古驿道沿线传统村落

南粤古驿道记载着不同历史时期北方汉民南迁定居广东的足迹，驿道沿线聚集了大量的传统村落，反映了移民原居住地文化顺应线路的传播，以及与本土文化的交流和融合，是广东聚落遗产多样化的重要源流，也是研究广东民系聚落史和景观史的珍贵样本，具有重要的历史文化价值和保护意义。驿道沿线古村落数量繁多，然而长期以来因缺乏专业、系统的规划而面临传统风貌丧失、公共配套设施欠缺、经济发展滞后等困境。

(一)价值探析：价值内涵丰富

驿道沿线传统村落多始于秦代、两晋、两宋等时期的移民潮，由岭南土著、入粤中原人长期聚居生活演变而成，在百越、古中原、江西、福建、湖南等多种文化的影响下形成了广府、潮汕、客家三大类型的民系聚落，其聚落景观层次多元，传统风俗和民间艺术丰富多样，体现了自然地理条件、民族、民系与移民文化的交融叠合。

岭南特色建筑：镬耳屋
（朱雪梅团队拍摄）

粤北民俗文化：舞春牛
（朱雪梅团队拍摄）

广府民系分布于粤中、粤西地区，多为宋元时期之前南迁的汉民所建，村落建筑形态与赣南、湘南地区的建筑形态相似，保有宋代及元代中原文化的特色，沿海片区受明清时期文化和华侨文化影响，村落形态由西向东从松散的棋盘式布局演变至密集的梳式布局，分布有水乡排屋、三间两廊等，建筑以镬耳屋、庐居、碉楼为代表，民俗文化以广绣、粤剧、醒狮、藏龙等为代表。

潮汕民系分布于粤东地区，古村落呈现唐宋、明清时期建筑特色，受赣南、闽西文化影响，村落形态由北至南呈现由多组团围合至集中排列式布局，分布有方围民居、厝式民居等，外部封闭，内部开敞，整体轮廓呈规整矩形，代表民俗文化有工夫茶、英歌舞、潮绣、潮菜等。

客家民系分布于粤北地区，村落形态由北到南呈现由自由的条层式结构演变至规整的梳式结构，建筑以围龙屋、土楼为代表，民居设有牌坊、门楼等，当地特色民俗文化有麒麟舞、舞春牛、采茶戏、客家山歌、客家盆菜等。[1]

[1] 陆琦、蔡宜君：《南粤古驿道与传统村落人文特色》，《中国名城》2018年第4期。

（二）留存情况：现存数量众多

南粤古村遍布全省，星罗棋布，欠发达地区留存村落较为完整。国家、广东省传统村落统计工作结果公示，广东省现有中国历史文化名村22个、广东省历史文化名村56个、中国传统村落263个、广东省传统村落189个、广东省古村落205个、广东省文化和旅游特色村103个。

（三）发展困局：专业规划欠缺

村落留存着宝贵的人文历史资源，然而因岁月更替和城镇化加速，村落空心化严重，许多有价值的史迹被丢荒。同时，由于缺乏保护资金和专业管理队伍，特别是缺乏对传统村落保护与发展系统的专业规划，往往会出现人为粗暴改建、加建甚至拆毁有价值的遗产的情况，导致出现地域特色淡化、传统文脉割裂、自然环境恶化等问题，众多村落亦面临逐年消亡的困境。

（四）发展契机：驿道“三师”助力

自2016年起开展的南粤古驿道保护与利用工作为沿线传统村落的保护与发展带来了契机，古驿道也因此成为其发展的连接线和生命线。传统村落是居民生活的场所，古驿道是居民物质文化交流的载体，村落与古驿道共生共荣，展示了广东先民聚落发展演替的史迹。在“三师”专业志愿者协会开展南粤古驿道活化利用工作的同时，传统村落也获得了更多的关注。南粤古驿道衔接其他村落和现代都市，构建“串珠成链，连线接网成片”联动发展模式，引入技术、资本和人流，为村落自身及南粤古驿道的发展源源不断地注入动力。

中国历史文化名村：韶关石塘村
（朱雪梅团队拍摄）

中国传统村落：乐昌杨家寨村
（朱雪梅团队拍摄）

梅岭古道
（朱雪梅团队拍摄）

广东省历史文化名村：韶关新田村
（朱雪梅团队拍摄）

二、回望传统村落保护历程

(一)初步探索：开展下乡服务

2014年9月—2015年2月，广东省启动“三师”专业志愿者下乡服务工作，志愿者们与古鹤村、村头村、孔家村、汤南村、长岐村等古村落结对，从传统村落格局、特色风貌建筑以及环境改善等方面开展针对性的工作，为促进农村科学发展、加强传统村落保护、提高全省村镇规划建设管理水平提供技术指导服务。

(二)渐成体系：开展督办工作

自2016年2月起，广东省政府全面开展南粤古驿道与古村落普查工作，对周边的古村、古镇进行调查梳理，再一次派出“三师”专业志愿者下乡开展“一对一”督办工作，指导古村落的保护与利用工作。2017年，广东省正式印发《广东省南粤古驿道线路保护与利用总体规划》，将南粤古驿道沿线历史文化名城、名镇、名村，传统村落，传统风貌古城、古镇、古村等历史文化城（镇、村）列为线路发展节点，并提出至2025年，带动248个古驿道文化特色乡镇、416个古驿道文化特色村落的建设和发展。

(三)深化推进：进行技术指导

2018年，在广东省住房和城乡建设厅的委托下，“三师”专业志愿者协会开始组建技术指导组，对南粤古驿道重点线路和重点节点开展技术指导服务。以郭壮狮、李永洁为代表的广东省住房和城乡建设厅领导带头加入“三师”专业志愿者队伍，以志愿者身份参与调研，并深入沿线乡村，呼吁村民要珍视和爱护宝贵的乡村遗产，专业志愿者则要担负起抢救和保护濒临破坏的乡土建筑的责任。

郭壮狮、李永洁一行赴河源督导工作
（来源：南粤古驿道网）

李永洁一行与村民亲切交谈
（来源：南粤古驿道网）

自此，南粤古驿道沿线村落的保护与活化工作成为南粤古驿道技术指导服务工作的重要内容之一。

三、总结驿道古村保护经验

2014年至今，“三师”专业志愿者以古鹤村为起点开启下乡服务，以乡村特色风貌为建设重点，秉承整体保护、有机更新、绿色发展、活态传承、全面协调的工作理念，对传统村落进行保护和活化利用，探索村落发展新模式。

(一)整体保护，留存历史风貌

“传统村落构成元素多元、复杂，涵盖自然景观、村落格局、街巷肌理、建筑形制、历史风貌等，在村落保护、活化过程中，我们摒弃了孤立保护的做法，对传统村落进行系统分析，考虑保护工作的整体效果，采取针对性的措施策略。”“三师”专业志愿者、广东工业大学建筑与城市规划学院教授朱雪梅在接受采访时介绍道。在自然景观上，“三师”专业志愿者团队对村落进行自然资源修复与优化，整治、净化水系，规整农田与绿地，采取自然、通透、生态化的措施保持环境的原真性。在村落格局、街巷肌理、建筑形制、历史风貌上，专家组开展村落谱系研究，梳理村落特征及历史元素，沿用乡土材料、工艺及样式分级分类开展修缮与保护工作，保持村落风貌的原真性和可辨识性。

(二)有机更新，跟紧时代步伐

传统村落面临向现代化转型的难题，“三师”专业志愿者通过统筹村落传统与现代使用需求、统筹村落与古驿道风貌等措施，使村落实现传统与现代的融合。朱雪梅教

梅关古驿道迳心村村落自然环境
(朱雪梅团队拍摄)

恢复后的大村建筑风貌和部分驿道商铺
(朱雪梅团队拍摄)

荒山坡建成的岭大遗址公园
（朱雪梅团队拍摄）

授谈道："随着时代的发展与生活方式的演变，村民有新增、改造建设的需求，我们需要设身处地地考虑他们的想法，尊重他们的生活习惯、审美喜好和实际需要，同时又要兼顾传统村落保护原则和相关规范要求，尽量让村民接受专业的意见，严厉拒绝大拆大建和毫无章法的新建村宅做法。虽然很有难度，但是再难也要竭尽全力地去协调。"

以朱雪梅教授为代表的"三师"专业志愿者通过编制规范对村落建筑的退距、高度、体量、色彩、形式等进行控制，分析、提取传统建筑特色元素并应用于新建筑中，使新材料呈现出旧样式、新建筑隐于旧建筑之中；在改扩建工作中集结专家智慧，使建筑得以兼顾实用与美观，既满足现代使用需求又顺应古村肌理风貌。与此同时，广东省同步开展村落保护与南粤古驿道保护的工作，将村落乡野道路与古驿道相连，在村落与古驿道连接区域采用本土材料，在古驿道与村落节点位置设立标识，引导群众在古驿道开展休闲活动、从村落获取配套服务，使村落与古驿道实现有机衔接。

广东省"文化和自然遗产日"非遗宣传展示活动韶关浈江分会场（朱雪梅团队拍摄）

（三）活态传承，弘扬民俗文化

传统村落历史文化脉络纵横连贯，承载着浓厚的生活气息与记忆、情感，是传统村落重要的精神文化载体。"三师"专业志愿者在村落保护与利用工作中发掘古村落的历史文化脉络，通过媒体宣传、搭建展销平台、开展节庆旅游活动、建设展馆作坊、设计文创作品等措施，引导群众体验、保护、宣传传统民俗文化，增强群众传承、弘扬传统工艺文化的意识，以此来实现非物质文化遗产的活态传承。

大村中小学生研学教育活动
（朱雪梅团队拍摄）

韶关南雄城乡联动发展之路
（朱雪梅团队拍摄）

南雄乡村文旅经济：寄心小院
（朱雪梅团队拍摄）

(四)绿色发展，协同“三生”空间

在村落保护活化工作中，“三师”专业志愿者重点关注保护与发展的关系，引导乡村建设由无序扩张转为绿色、协调发展。在广东省各级规划的指导下编制传统村落保护发展规划、制订传统村落保护发展方案，协调生态、生产、生活空间布局，促进村落良性发展。在生态方面，优化村落生态空间基底，严控用地红线，以资源环境承载力为约束条件，对环境保护和建设开发活动进行部署，协调人与自然的关系；在生产方面，对当地产业予以研判，以绿色、科学、联动发展为原则调整产业结构，优化资源配置，引导村民合理利用土地资源，通过投入技术、人才、项目等资源进行扶持，提升乡村造血能力；在生活方面，着手改善人居环境，完善生活区配套设施，为村民提供文化娱乐、教育培训、健康养老、体育健身等服务空间，提升村民的生活品质。

(五)全面协调，平衡各方利益

传统村落的保护涉及村民、政府、企业、游客等诸多利益主体，“三师”专业志愿者采取转变利益主体方案、改进管理方法等措施，因势利导，形成示范带动效应，协调处理多方矛盾。“三师”专业志愿者还开展宣传教育工作，帮助当地村民分析和认识传统村落价值，引导当地村民以合法合规、科学合理的方式开发和利用现有空间及资源，实现经济营收，调动群众的积极性和主动性。此外，各级政府与“三师”专业志愿者协力畅通反馈渠道，为各利益主体提供表达诉求的平台，构建高效的沟通协调机制，形成共建共享、共治共管的治理格局。

四、细探韶关大村保护更新

南粤古驿道西京古道沿线韶关市浈江区黎市镇大村是一个颇具特色的传统村落，呈现了岭南传统村落兼容并蓄的风貌特征，并且村中物质文化遗产与非物质文化遗产丰富。“三师”专业志愿者关注其历史文化价值与未来发展，开展历史建筑的修缮与保护、基础设施的建设与提升等工作，提升大村的人居环境，为其带来发展机遇。

(一)价值挖掘，保护传统风貌

大村地处山区林地，自然生态资源丰富，村落格局保存较好，在中原、楚汉、客家、广府等多种文化的交融影响下形成了韶关特有的地域特征，移民迁徙特征明显且村落宗族观念颇深，村中建筑体现为多种风貌的组合，譬如客家宗祠、广府骑楼、徽派马头墙等。当地民俗文化丰富，有舞春牛、猫公狮、采茶戏等民艺活动。[①]此外，大村曾是抗战时期重要的教育基地，有岭南大学、东吴大学等院校旧址，具有丰富的历史文化内涵与深刻的教育意义。

①王丽、廖钢青：《粤北韶关地区传统村落的地域特征和保护利用困境》，《成都工业学院学报》2020年第23卷第4期。

“三师”专业志愿者关注大村自然、人居环境，重视其历史文化内涵的发掘，通过清理、整治与保护、修缮还原大村历史风貌，凸显当地特色。一方面，“三师”专业志愿者引导大村村民清理、整治人居环境，改善卫生环境条件，拆除违章建设，补齐乡村基础设施，为乡村建设公厕，清理杂草、树藤，塑造整洁的环境；另一方面，他们发掘大村自然历史文化资源，依据大村的自然地形、山水格局、书面及口述史料梳

大村山水格局
（朱雪梅团队拍摄）

大村建筑风貌
（朱雪梅团队拍摄）

由荒废泥砖房改造的医疗服务站点
（朱雪梅团队拍摄）

由废弃荒地美化的园林休憩空间
（朱雪梅团队拍摄）

理其肌理格局，保留和优化农田、古井、古树、历史建筑等乡村特色元素，对古树、山、良田、风水塘等进行抢救性保护，挖掘并还原古商铺、古客栈，修复古码头、古桥、古街，恢复岭南大学和附中球场、跑道，复建怀士堂、东吴大学校门，保留残墙、古井，注重保持水塘的乡土风貌，修砌毛坯石筑挡墙，还原水塘的乡土风貌，实现挡墙与水的呼吸融合，充分展现乡村自然风貌。

（二）有机衔接，协调新旧建设

“三师”专业志愿者注重新旧建设的协调统一，秉承“赋予新建设以历史底蕴、赋予历史建设以新时代功能”的理念，使大村传统风貌实现有机更新，新旧呼应，焕发生命力。一方面，对新增建筑适当采用钢结构，饰以有明清时期、民国时期特色的人字形山墙、青砖、泥砖、坡屋顶、拱廊等，令其兼具传统特色与时代气息；另一方面，注重传统空间的“新”使用，延续场地空间感——依托地形及残墙构建乡村舞台、将废弃荒地美化为园林休憩空间、将空置民房改造为乡村驿站、将破旧鸡舍改造为玉清书舍、将荒废泥砖房改造为医疗服务站点、在山脚及田野建设标识塔和标识墙、沿溪搭建小桥汀步凉亭，注重大村自身及周边资源的开发与利用等，优化居民生活环境与到访游客配套服务，形成文旅融合、寓教于乐、人文自然相映的华南教育历史研学基地，让传统村落展现新活力。

(三)政策为引，赋能文化传承

“三师”专业志愿者结合我国城乡建设及粤港澳大湾区历史文化游径建设的背景，对南粤古驿道及其沿线村落进行民族民系、同源同根等历史文化的发掘和保护，探索村落发展契机。大村是粤港澳大湾区历史文化遗产游径的重要节点，依托华南教育历史研学基地、古驿道定向大赛举办研学座谈、旅游采风、文创比赛、体育支教等活动，搭建文化交流平台，使群众在互动中感受传统民俗文化的魅力，领悟农耕文明、移民文化，陶冶性情、锤炼信念，共同将传统赓续。

(四)科学引导，统筹发展布局

在上层规划的指导下，“三师”专业志愿者对大村开展深入调研，分析和判断现状及未来发展诉求，梳理和优化乡村空间布局，编制近期、中期、远期规划。在规划中，坚守生态保护红线、永久基本农田和城镇开发边界三条控制线，协调把控用地指标，规避违法占地、用地行为，引导大村村民依托种植、养殖、林业等产业资源发展农副产品加工业、商业、服务业，构建绿色、可持续的产业链。“三师”专业志愿者引导大村发挥物质文化遗产优势，与南粤古驿道协同发展，力倡观光旅游、研学、农耕体验活动，为大村发展注入新动力。

大村文创产品展示
(朱雪梅团队拍摄)

冼玉清先生诞辰125周年活动
(朱雪梅团队拍摄)

华南教育历史研学基地(大村)规划平面
(朱雪梅团队绘制)

大村扶贫产品：南华草菇
(朱雪梅团队拍摄)

“三师”专业志愿者指导大村的施工建设
（朱雪梅团队拍摄）

“三师”专业志愿者与韶关市自然资源局、浈江区住房和城乡建设局沟通对接项目
（朱雪梅团队拍摄）

(五)多方联合，转变管理方式

乡村建设难度大，其中利益关系复杂，在工作开展过程中，“三师”专业志愿者积极配合广东省政府，联合大村地方队伍，担任“沟通桥梁”的角色，上传下达，协助传达上层的重大决策、部署及有关要求，听取地方诉求，协助沟通、协调与反馈，争取赢得群众的理解和支持。此外，“三师”专业志愿者对大村当地政府部门、志愿者及村民进行专业培训指导，使当地人能够从乡村建设中获益，提高当地人参与乡村建设的主动性与技术水平，激发经济内生动力。

第五章

红色文化　薪火相传

撰稿人：彭剑波　受访人：马向明

受访人简介

马向明

“三师”专业志愿者，本科毕业于中山大学，并在伦敦大学获得城市规划硕士学位，现任广东省城乡规划设计研究院有限责任公司董事、总工程师、总规划师。主持和参加的多个项目荣获国家优秀工程设计奖金奖、建设部优秀规划设计奖一等奖、全国优秀城乡规划设计奖二等奖。

2019年3月，在看望参加全国政协会议的文艺界社科界委员时，习近平总书记指出，共和国是红色的，不能淡化这个颜色。红色文化是中国共产党以马克思主义为指导，吸收中外优秀文化创造的先进文化，代表了中国共产党人和广大人民群众的优良品格，不仅是中国人民价值观念体系的重要组成部分，更是凝聚国家力量和社会共识的重要精神动力。

一、南粤古驿道上的红色寻踪

广东是近代民主革命的策源地与先行地，拥有丰富的红色革命资源。这些资源凝结着党的光荣历史，书写了近代以来广东人民英勇奋斗的壮丽篇章，是激发爱国热情、振奋民族精神的深厚滋养，是党带领全国人民不忘初心、继续前进的力量源泉。党和国家事业的发展，迫切需要加强红色革命遗址保护与利用，深化红色革命资源价值挖掘、整合与传播。

据不完全统计，2018年广东省各地上报的南粤古驿道重点线路及沿线红色革命遗址达95处。在革命的岁月中，这些古驿道为民主革命输送“血液”，发挥着军事要道、物资补给、人员补充、革命种子播撒等重要作用，是近代民主革命的重要发生地与见证地。而在新的时期，这些流淌着“红色血液”的古驿道，正活化为一条条“红道”，绽放出新的时代光芒。

“南粤古驿道本身的历史长度是很长的。在已推进修复的1200多公里古驿道上，我们可以看到一些比较明显的红色节点，它们主要分布在古驿道及其沿线上。”“三师”专业志愿者，广东省城乡规划设计研究院有限责任公司董事、总工程师、总规划师马向明进一步解释，“古驿道是以前的‘高速公路’，在军事、商贸、思想传播等方面为革命提供了有利条件。这些遗存在古驿道本体上的红色旧址、遗址是比较好梳理的，我们还可以延伸到古驿道沿线上。无论是对于过去的历史还是对于目前的活化利用，古驿道本体及其沿线上的红色节点与古驿道之间存在着某种关系。”

在马向明看来，古驿道及其沿线的红色旧址、遗址等可分为五类。

重放光彩的杨家祠
（田中拍摄）

（一）党政、军队及其附属机构旧址

“广东是早期党、团活动的重要场所，特别是1923年中国共产党第三次全国代表大会在广州召开，1927年八一南昌起义失败后中国共产党南下的第一站也是广东。赫赫有名的广东人民抗日游击队东江纵队是广东革命的一面旗帜。此外，我们还可以追溯到辛亥革命以及北伐战争。”可见，广东的红色历史源远流长。

杨家祠：2018年，得益于对珠海岐澳古道边上的杨匏安旧居陈列馆的活化利用，杨匏安革命生涯中最重要的场所——位于广州越华路的杨家祠被“三师”专业志愿者阿瑞等人成功“复活”，成为华南明灯永不熄灭的殿堂。

杨匏安旧居陈列馆
（熊灿坚拍摄）

20世纪20年代初，在中国共产党早期组织、广东社会主义青年团成立后，由于缺少活动场所，党、团的许多会议都在杨家祠举行，杨家祠成为一个重要的红色活动据点，瞿秋白、周恩来、彭湃、刘少奇和苏兆征等人是此屋的常客。从珠海岐澳古道走出来的中国共产党早期优秀的理论家和革命活动家杨匏安在此撰写了大量文章，成为华南地区传播马克思主义第一人。1923年中国共产党第三次全国代表大会在广州召开，杨家祠是这次会议的筹备联络处。

据不完全统计，在古驿道及其沿线遗存的党政、军队及附属的部分重要机构旧址如下。

古驿道及其沿线遗存的党政、军队及附属的部分重要机构旧址	
古驿道	沿线红色革命遗址、旧址、纪念设施
韶关西京古道（乳源段）	岗头村红七军修整和养伤遗址，大桥镇铁龙头反围剿战斗和红七军养伤遗址，到角村红七军修整和养伤遗址

续表

古驿道	沿线红色革命遗址、旧址、纪念设施
韶关南雄梅关—乌迳古道	赣粤边红军独立师第三团团部旧址，南雄县委青年训练班遗址
韶关西京古道（乐昌段）	梅花镇红七军指挥部旧址，朱德部队临时指挥部遗址——文昌阁
河源粤赣古道（连平段）	中共连平县工作委员会旧址，忠信中学党组织活动旧址
河源粤赣古道（和平段）	中共九连工委旧址群
河源粤赣古道（东源段）	黄村镇中共后东特委旧址，上莞镇中共九连地委、广东人民解放军粤赣边支队司令部旧址，河源县人民政府旧址
梅州兴宁—平远古道	平远县第一个苏维埃政府旧址——毓秀书院
汕尾羊蹄岭—惠州惠东高潭古道	中共东江特别委员会、东江革命委员会旧址、中国工农革命军第二师师部旧址，高潭区苏维埃政府旧址，中洞红军军需处、后方留守处旧址，中洞红军医院旧址，五县边区抗日民主联合政府旧址，中洞红军兵工厂旧址，中洞红军被服厂旧址，中共东江特委印刷厂旧址，马克思街和列宁街，中洞村红军俱乐部旧址，禹阳第三区（高潭）农民协会、高潭区工农兵代表大会旧址，中洞红军炮台、瞭望哨旧址
惠州博罗罗浮山古道	东江纵队司令部旧址——冲虚古观，东江纵队司令部对外联络处——朱明洞青霞谷，东江纵队政治部旧址——罗浮山白鹤观，东江纵队军政干校旧址——罗浮山澜石果园村，《前进报》社址——罗浮山朝元洞
中山岐澳古道	广东人民抗日游击队珠江纵队司令部旧址——古氏宗祠
清远连州丰阳—东陂古道	中共连阳乳工委党训班旧址
梅州大埔三河坝—潮州饶平麒麟岭古道	南昌起义军部队驻地（茂芝高阳楼、协成楼、协和楼），工农革命军东路第十四团军事干部隐蔽点——下田楼祠堂遗址，闽粤赣边纵——团驻地遗址，红军伤员养伤处——日昇楼，红四十八团团部旧址

（注：作者根据2019年南粤古驿道重点线路沿线红色革命遗址保护修复项目统计）

(二)重要战役战斗的旧址、遗址

“在党史、军史上，广东省有着很多非常著名的、对历史产生过重大影响的战斗战役。各地的革命战斗也是呈‘星星之火，可以燎原’之势。我们耳熟能详的就有三河坝战役、陈毅三年游击、红军长征入粤第一仗、东江纵队的省港大营救等。”马向明说。

三河坝战役：1927年八一南昌起义发生后，国民党反动派调兵遣将，“讨伐”起义军。八一南昌起义部队主动撤离南昌，南下广东，部队进抵广东大埔县城。1927年9月20日，前委根据形势发展做出了分兵部署：周恩来、贺龙等人率领部队主力向潮州、汕头进发；第9军副军长朱德率领第11军25师和第9军教导团共约3000人，据守三河坝，掩护部队主力南下。国民党钱大钧率3个师约两万余人，从梅县松口乘船沿江而下，气势汹汹地扑向三河坝。这就是著名的三河坝战役，发生在潮梅古道(大埔三河坝段)。

据不完全统计，在古驿道及其沿线遗存的部分重要战役战斗的旧址、遗址如下。

古驿道及其沿线遗存的部分重要战役战斗的旧址、遗址	
古驿道	沿线红色革命遗址、旧址、纪念设施
广州从化古道	解放从化的云台山战场遗址
韶关西京古道（乳源段）	大桥镇铁龙头反围剿战斗遗址
韶关南雄梅关—乌迳古道	红军长征入粤第一仗旧址
河源粤赣古道（连平段）	何新屋阻击战旧址
汕尾羊蹄岭—惠州惠东高潭古道	中洞红军炮台、瞭望哨旧址
梅州大埔三河坝—潮州饶平麒麟岭古道	岭头阻击战战场旧址

(注：作者根据2019年南粤古驿道重点线路沿线红色革命遗址保护修复项目统计)

(三)重要事件发生地

马向明谈道：“毛泽东主席在革命之余开展的《寻乌调查》、朱德在生死存亡之间召开的‘茂芝会议’、潮籍‘左联’烈士笔锋革命、隐秘而伟大的‘中央红色交通线’……当重读过去的一段段历史时，我们的内心仍然心潮澎湃、钦佩不已。”

据不完全统计，在南粤古驿道及其沿线发生过的重要事件如下。

现已修复的梅州平远松溪古道，曾是《寻乌调查》及红军行军的路线
(彭剑波拍摄)

《寻乌调查》：1930年5月，毛泽东主席在江西省赣州市寻乌县所作的农村经济调查报告，对寻乌县及周边梅县、五华县、平远县、兴宁县、蕉岭县等广东地区的陆路、水路、交通工具、贸易货物、邮政、电报、电线等情况进行了详细阐述，对地域之间的商贸往来作了细致分析。毛泽东主席的部分农村经济调查线路与梅州兴宁—平远古道、河源粤赣古道、韶关南雄梅关—乌迳古道有重合之处，集中体现了当年具有贸易特征的古驿道线路，与毛泽东主席《寻乌调查》中的区域贸易关系密切，这也是作为通商古道的南粤古驿道古为今用的意义所在。毛泽东主席通过在安远、寻乌、平远等地做群众工作、开调查会获得的材料写出了此报告。《寻乌调查》中的内容与南粤地区地理、历史、人文密切相关，是今天寻找南粤古驿道的方法指南，更是南粤古驿道红色之旅独一无二的素材。

“茂芝会议”：1927年10月5日，三河坝的起义部队撤至潮州饶平茂芝，10月6日早上，从潮汕突围出来的数百人起义军到达茂芝与朱德部队会合。当时，这支匆匆会合的部队约有2200人，处境极端险恶，四周有数万名敌军虎视眈眈，与上级又完全失去了联系，要保存这支部队，必须迅速脱离险境。起义军在茂芝召开了军事会议，朱德认真反思八一南昌起义失败的经验教训，以非凡的革命胆略和求实精神，作出了摆脱强敌，绕道闽南向湘粤赣边农村出发寻找立足点的决定，即“穿山西进，直奔湘南”的战略决策。这一决策初步体现了中国革命的中心由城市向农村的转变。

潮籍“左联”与汕头“中央红色交通线”：1930年前后，中国革命史上发生了两件影响深远的大事。一是在中国共产党的领导下，以鲁迅为旗手的中国左翼作家联盟（简称“左联”）在上海多伦路201弄2号成立，洪灵菲、戴平万、冯铿等“左联”作家从潮州奔赴上海。二是周恩来同志亲自主持建立了中央红色交通线。无论是潮籍“左联”作家奔赴上海还是“中央红色交通线”，韩江是最为重要的交通要道之一。

目前，众多重要历史事件还遗存有不少的旧址，如下所示。

古驿道及其沿线遗存的部分重要历史事件的旧址、遗址

古驿道	沿线红色革命遗址、旧址、纪念设施
韶关南雄梅关—乌迳古道	南下解放大军与北江第二支队会师旧址（梅关），陈毅与国民党代表谈判旧址（钟鼓岩），毛泽东、朱德与中共南雄县委首次接触地
韶关西京古道（乳源段）	乳北人民抗征队会议旧址
河源粤赣古道（东源段）	蓝口镇长江头村咸水塘国共谈判旧址
梅州大埔三河坝—潮州饶平麒麟岭古道	里坑事件遗址， 南昌起义军军事决策会议旧址

（注：作者根据2019年南粤古驿道重点线路沿线红色革命遗址保护修复项目统计）

（四）重要领导人的故居、旧居、活动地

广东是近代民主革命的策源地与先行地，有着“开风气之先”的重要地位。毛泽东、周恩来、邓小平、李大钊、陈独秀、陈毅、叶剑英、瞿秋白、邓颖超、彭湃、杨匏安、阮啸仙、苏兆征等重要领导人皆从这里走出或者曾到这里生活、战斗过。

阮啸仙故居：阮啸仙，农民运动领袖，中国共产党第一批共产党员，人民审计制度奠

阮啸仙（左三）、高恬波（左四）夫妇与彭湃（左二）夫妇
（来源：南粤古驿道网）

基者，河源市东源县义合镇下屯村人。1927年他被选举为中央监察委员会候补委员，1928年赴莫斯科参加中国共产党第六次全国代表大会。1935年，他在赣粤边突围，在赣州信丰通往韶关乌迳的古道上倒下，牺牲于信丰安西乡上迳村枫林庵。其故居位于河源市东源县义合镇下屯村，目前已成为缅怀革命烈士的重要场所。

苏兆征故居：苏兆征是中国共产党杰出的无产阶级革命家、工人运动的著名领袖，也是国际工人运动的领导人之一，为中华民族的解放和无产阶级的革命事业做出了重大贡献。他参加和领导过震惊中外的香港海员大罢工和省港大罢工，曾任中华全国总工会第二、第三届执行委员长。在中国共产党第五次全国代表大会至第六次全国代表大会期间，他被选为中央委员、中央政治局委员、中央政治局常务委员。位于苏兆征家乡珠海淇澳村白石街的"苏兆征故居"被打造为"苏兆征故居陈列馆"。

据不完全统计，在古驿道及其沿线遗存的重要领导人的故居、旧居、活动地如下。

古驿道及其沿线遗存的重要领导人的故居、旧居、活动地	
古驿道	沿线重要领导人的故居、旧居、活动地
珠海岐澳古道	苏兆征故居
韶关南雄梅关—乌迳古道	毛泽东在南雄居住旧址
河源粤赣古道（东源段）	阮啸仙故居
梅州兴宁—平远古道	兴宁市罗屏汉故居
汕尾羊蹄岭—惠州惠东高潭古道	黄星南故居

（注：作者根据2019年南粤古驿道重点线路沿线红色革命遗址保护修复项目统计）

（五）各种纪念设施

目前，纪念设施主要分为两种，一种是原始的革命烈士墓地或埋葬点，另一种是对历史进行场景化、空间化纪念的设施，比如烈士陵园、纪念公园、教育基地等。

东江纵队纪念馆：东江纵队是华南抗日战场上一支坚强的武装力量。1938年10月，日本侵略军登陆大亚湾，侵占华南地区。广东党组织先后在惠阳、东莞、增城、宝安等地建立起人民抗日武装，1943年12月2日，这些人民抗日武装改番号为广东人民抗日游击队东江纵队，曾生任司令员，尹林平任政治委员，王作尧任副司令员兼参谋长。1945年春，东江纵队司令部设在冲虚观后，罗浮山成为南方敌后抗日武装斗争的指挥中心。这支部队在对日斗争中，接连收复失地，并取得了营救文化界人士和爱国民主人士（省港大营救）等行动的重大胜利。1946年6月，东江纵队主力北撤山东，扩大为两广纵队。留下的部队继续坚持武装斗争，发展为粤赣湘边纵队。这两支部队为中华民族的解放事业和解放广东全省做出了重大的贡献。惠州博罗罗浮山东江纵队纪念馆是广东省爱国主义教育基地、红色旅游示范基地、国防教育基地、党史研究基地，被列入第一批国家级抗战纪念设施、遗址名录。

据不完全统计，古驿道及其沿线遗存的其他红色纪念设施如下。

古驿道及其沿线遗存的其他红色纪念设施

古驿道	沿线其他红色纪念设施
广州从化古道	刘邦彦烈士之墓，邓澄心革命烈士墓，从化革命烈士纪念碑，吕田革命烈士纪念碑
韶关西京古道（乳源段）	园子背红七军无名烈士埋葬点，马子岭陈家水口排牛迹湖红七军无名烈士埋葬点，无名烈士埋葬点
韶关南雄梅关—乌迳古道	南雄革命烈士陵园
韶关西京古道（乐昌段）	梅花镇红七军革命烈士纪念园，华南教育历史研学基地
河源粤赣古道（东源段）	埔前镇三角岭大会战革命烈士陵园，埔前镇上村村红色文化教育基地，河源烈士陵园，船塘镇河西革命烈士纪念公园
梅州大埔三河坝—潮州饶平麒麟岭古道	大埔县三河坝战役红色教育基地
汕尾羊蹄岭—惠州惠东高潭古道	海丰革命烈士暨革命斗争史纪念馆，彭湃烈士故居
清远连州丰阳—东陂古道	冯达飞将军纪念馆
清远连州秦汉古道	大路边革命烈士纪念碑

（注：作者根据2019年南粤古驿道重点线路沿线红色革命遗址保护修复项目统计）

二、打造南粤古驿道“红色之旅”工作实录

（一）省级层面支持挖掘南粤古驿道红色资源

2016—2020年，南粤古驿道连续五年被写进广东省政府工作报告。2019年广东省政府工作报告提出“加强南粤古驿道、古村落、红色革命遗址、少数民族传统文

化保护和连线开发，提升岭南特色乡村风貌”；2020年广东省政府工作报告提出“实施文化和旅游融合发展三年行动计划，深度挖掘红色革命、改革开放、南粤古驿道、古城、古镇、古村等特色文化旅游资源，建设文旅融合示范区”。可见，省级层面已多次强调南粤古驿道与红色文化的联合保护与利用。

其间，南粤古驿道保护与利用工作得到了广东省委书记李希、时任省长马兴瑞、时任副省长许瑞生等省级领导多次的重要批示指示以及具体的工作部署。广东省资源、住建、文旅、体育等部门也联合协作，叠加多项政策及资金支持。据了解，2019年，广东省财政厅向19个县（市、区）拨付了支付资金，用于相关县、市的古驿道保护与修复工作，其中受惠的18个区均为革命老区，在中央苏区和革命老区的总投入金额占总金额的96.7%。“三师”专业志愿者在技术指导各地古驿道活化利用的同时，也坚持政策导向，为各地部门宣讲相关政策措施，为当地导入“政策资源”。

“在南粤古驿道活化利用的过程中，若各有关方能够合力将这些珍贵的红色遗址创新性地保护起来，以弘扬红色革命文化的形式来推动当地乡村振兴、全域旅游和精准扶贫，必能为广东生态文明建设和城乡高质量发展提供丰富的文化养分和不竭的精神动力。”统筹推进南粤古驿道工作的广东省自然资源厅有关负责人表示。

（二）各地市融合打造“古驿道+红道”

据中山市人大代表、五桂山区党工委书记冯金怡介绍，2018年，五桂山区提出全面规划“特色小镇+科创中心+岐澳古道”的绿色发展思路，以城桂公路为纽带，重点打造“一个小镇”“一块绿地”和“一条古道”。其中的“一条古道”就是中山市岐澳古道。五桂山区以中山市岐澳古道为线索，整合自然生态、古寺、宗祠、南粤古驿道等重要元素，将“红道”“古道”“绿道”串联起来，打造集生态之旅、文化之旅、革命传统之旅于一体的中山市岐澳古道生态旅游景区，争创粤港澳大湾区重要旅游目的地。

2021年，梅州大埔县拟计划进一步加强地区古驿道整体性打造，进一步突出革命历史文化特点，规划设计三河余里（精华段）的巩固提升，对“八一”起义军三河坝战役纪念园—余粮坑段、余里村—三河坝干部学院段古驿道线路进行修缮和提升，并新建三河坝干部学院节点出入口，与干部培训、红军线路体验相结合，与周边县道、村道相连接，构成古驿道闭合线网。在技术指导古驿道活化利用过程中，“三师”专业志愿者根据古驿道的特色红色资源，引导当地融合打造“古驿道+红道”，强化古驿道与区域内交通干线的联系，把古驿道与“八一”起义军三河坝战役纪念园连接起来。“三师”专业志愿者表示：“在古驿道重点线路选线时，我们便非常注重串联红色资源。”

（三）志愿者指导修缮早期党员故居

近年来，南粤古驿道保护与活化工作加速推进，将沿线的红色历史节点串珠成链。与此同时，以人物为线索按图索骥，深入挖掘相关历史文化资源，一些建筑背后的历史根脉也逐渐清晰。借此契机，包括杨匏安旧居、张瑾瑜烈士故居、阮啸仙故居在内的一批早期共产党员故居得到修缮与维护，恢复昔日光彩。

在这期间，“三师”专业志愿者全程参与早期党员故居的修缮及活化利用工作。马向明说：“散落在南粤古驿道沿线的名人故居、红色遗址等是古驿道上的‘珍珠’，

梅州大埔三河坝—潮州饶平麒麟岭古驿道（大埔段）2021年巩固提升项目
（梅州市大埔县自然资源局提供）

保护和修缮好这些‘珍珠’是南粤古驿道保护与利用的基础性、关键性工作，不仅能够集中展示古驿道线路的历史文化内涵，提升当地文化自信，还能起到推动古驿道沿线乡村振兴的作用。”

（四）红色元素融合古驿道品牌赛事活动

2016年—2021年，在广东省委、省政府的领导下，广东省持续推动南粤古驿道的保护、修复和活化利用工作，沿线红色资源持续被广泛、深度发掘。粤东“左联”之旅、《寻乌调查》红色之旅、粤赣古道红色纪检文化之旅、“中央红色交通线”、东江纵队“省港大营救”线路以及华南教育历史研学基地等一批批红色资源随着南粤古驿道定向大赛、南粤古驿道文创大赛、南粤古驿道少儿绘画大赛、南粤古驿道徒步活动等品牌赛事活动的持续举办，再次被利用起来，精彩、刺激的南粤古驿道定向大赛成为追寻革命先烈足迹的红色之旅。

2017年南粤古驿道定向大赛惠州站融入了红色文化主题，通过“东江纵队大营

革命先烈阮啸仙的曾孙阮士君为2019南粤古驿道天翼4K高清杯定向大赛鸣锣开赛
（熊灿坚拍摄）

救红色文化图片展”等方式，讲述东江纵队的英雄事迹、高潭区苏维埃政府成立等红色历史故事，吸引了众多游人前来观赏。大赛举行“胜利大营救手机App定向活动”，利用新型科技致敬省港大营救。参赛者在定向越野的途中，化身“东江纵队英雄战士”，凭借手机地图，寻访各点，并根据各点的题材介绍，回答与省港大营救有关的题目。参赛者表示，该活动结合历史事件，在竞赛的同时，学习历史，接受爱国主义教育，颇具趣味性和挑战性。

（五）引领社会力量参与传承红色精神

社会力量是传承红色精神的最为重要及最基础的一环。在挖掘活化南粤古驿道红色资源的过程中，广东省有关部门及“三师”专业志愿者引导社会各界传承红色精神。

在2020年南粤古驿道定向大赛汕头站的赛事中，南粤古驿道网联合汕头市华润置地地产发展有限公司共同倡议发起“寻访中央红色秘密交通站后人”城市公共计划，旨在发动群众力量，寻访当年那群为了保证中央红色秘密交通线这条“红色血脉”畅通而默默奉献甚至牺牲的地下交通员的后人，铭记不朽历史，缅怀革命先烈，传承爱国精神。

三、南粤“左联”文化之旅让红色精神绽放时代光芒

马向明介绍，南粤“左联”文化之旅是一条依托广东万里碧道和南粤古驿道进行建设的，即有广东特色、艺术价值又有红色记忆的文化线路。自汕头西堤公园至梅州“八一”起义军三河坝战役纪念园，规划线路长约150公里，沿途将通过绿道串联起陈波儿故居、洪灵菲故居、戴平万故居等众多与“左联”相关的历史文化遗存，

“左联”及其相关的潮汕籍文学作家（部分）
（广东省城乡规划设计研究院有限责任公司提供）

以及龙湖古寨、凤凰山等自然和历史文化节点，打造一条可游、可赏、可观、可感的红色文化游览线路。

（一）南粤“左联”笔锋上的斗争

1930年前后，在中国共产党的领导下，以鲁迅、茅盾、田汉、瞿秋白等人为代表的中国左翼作家联盟成立，以马克思主义文艺理论指导自己的实践斗争，作品反映革命者在白色恐怖下的英勇斗争、工人阶级对资本家剥削的反抗和广大农民的觉醒和斗争，开启了轰轰烈烈的中国左翼文化运动。在众多“左联”青年中，来自韩江流域的洪灵菲、冯铿、戴平万、陈波儿、柯柏年、梅益被称为“左联潮州六杰”。

在“左联”七常委中，从韩江走出来的洪灵菲，在1926年加入中国共产党，是“左联”七常委中最年轻的作家，撰有小说《流亡》《前线》《转变》《归家》等，1934年中秋节前后在雨花台被国民党枪杀，年仅32岁。戴平万是洪灵菲的好友，也是“左联”早期的领导者之一，东北抗日联军的早期创始人，新闻事业的先驱者和工人运动的领导者，撰有《出路》《前夜》《苦菜》等。还有一位女作家，“左联”五烈士之一——冯铿，她也是一位富有才华的革命家，思想前卫，性格坚毅，以笔杆子为战斗武器为革命事业做出了伟大贡献，为共产主义的理想献出宝贵生命时年仅24岁。“左联”五烈士被害后，20世纪30年代上海出版了“左联”五烈士的专刊，冯铿的《红的日记》被翻译成日文和俄文。鲁迅先生为纪念“左联”五烈士，写下了《为了忘却的记念》歌颂他们。

（二）走读南粤“左联”文化之旅

1. 高位推进：广东省领导亲自谋划、部署，“三师”专业志愿者全程参与

2018年国庆节期间，时任广东省副省长许瑞生在“三师”专业志愿者的陪同下

察了南粤“左联”文化青年洪灵菲、戴平万、陈波儿等人的故居。鉴于相关历史文化遗存保存情况不容乐观的现状，提出要加强对韩江沿线“左联”文化青年故居的保护和历史文化的发掘。

2018年12月，许瑞生率副秘书长钟旋辉和梅州、潮州的市委、市政府，广东省水利厅，广东省自然资源厅，广东省韩江流域管理局，“三师”专业志愿者委员会等单位工作人员调研戴平万故居、洪灵菲故居等，提出打造南粤“左联”之旅，加强粤东籍“左联”作家作品的发掘、展示和名人故居的保护、活化工作。

2018年12月21日，许瑞生在汕头市主持召开工作会议，听取“三师”专业志愿者马向明、牛丞禹、张子健等人设计的南粤“左联”之旅规划设计初步方案，研究部署深化南粤“左联”之旅，规划和启动一期项目建设工作。

2019年2月15日，许瑞生在广东省政府主持召开工作会议，研究推进南粤“左联”之旅与红色秘密交通线融合，推进南粤“左联”之旅标识系统设计、一期节点建设和徒步节活动筹备工作，并充分肯定了“三师”专业志愿者的前期规划方案。

2.精心策划：依托韩江串联各红色节点，讲述韩江红色故事

韩江是中国东南沿海重要的河流之一。明清时期，随着韩江水运商贸的发展和港口码头的建设，一个“汕头—香港—东南亚”的大规模贸易圈逐步成形，数量庞大的海外华侨带动了汕头货物量的持续增长。同时，新思想和新事物随着韩江自海外传播过来，新式学堂、私营书店和民营报刊大量涌现，思想启蒙运动兴起，对传统封建宗法产生了强烈冲击。

20世纪二三十年代，洪灵菲、戴平万、冯铿等一大批潮汕籍进步青年，沿着南粤古驿道走向革命，以笔为“剑”，突破文化围剿、集合革命力量、向旧世界宣战、宣传和介绍马克思主义思想，成为左翼文化运动的先锋，成为中国倡导和创立无产阶级革命文化的一支重要生力军。韩江沿岸保留了较多的粤东“左联”文化青年的重要革命历史遗址。

在深入挖掘“左联”文化和整理“左联”之旅线路的过程中，随着对汕头市镇邦街7号秘密交通站、梅州清溪镇棣萼楼、多宝坑小站革命遗址等历史资料的梳理，一条从上海出发，经香港，汕头，大埔，福建永定、长汀，抵达江西瑞金，在历史上真实存在过的中央红色交通线与南粤“左联”之旅线路高度重合。同时，结合对邹韬奋、冯宪章记载的史料的进一步发掘，将这条红色文化线路延伸至梅州，丰富了韩江的文化内涵，强化了红色基因。当前，这两条红色文化线路并联发展，已经形成“南粤‘左联’文化线+秘密交通线”游径。此外，依托红色革命遗址保护工作，对汕头市镇邦街7号、秘密交通线汕头中站旧址、大埔茶阳同天饭店、大埔青溪村的永丰客栈等展开修复和活化利用工作，发展红色文化旅游产业带，带动镇村文化经济发展和人居环境改善。

马向明表示：“物理空间是可以不断重复利用的。南粤古驿道是帮助我们了解岭南历史的基础设施。透过南粤古驿道，我们可以看出不同历史时期社会的文化状况和生产力水平。”在他看来，南粤古驿道作为一个线性开放空间，可以像“项链”一般，将沿线的历史、文化、旅游等资源串珠成链，达到“1+1＞2”的效果。“在南粤古驿道及其沿线的活化利用工作中，我们要梳理这些基础设施的连接关系。依托南粤古驿道活化利用的南粤‘左联’文化之旅，就是需要找到这些关系。无论是南粤古驿道

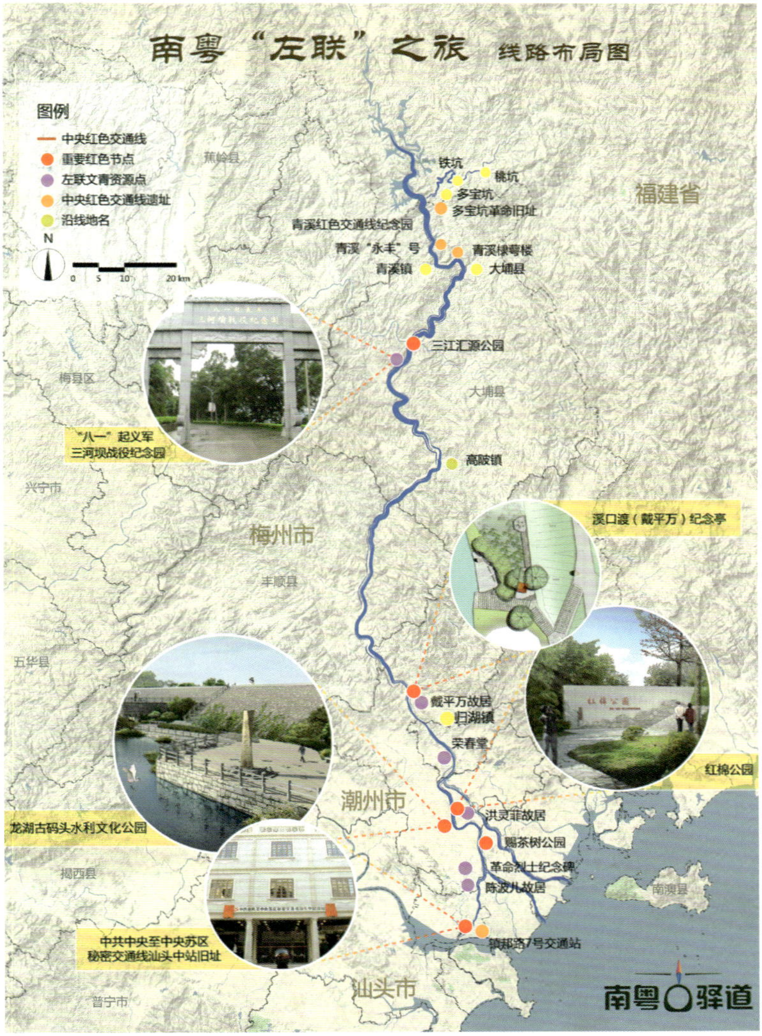

南粤“左联”之旅线路布局图
（广东省城乡规划设计研究院提供）

与韩江、韩江与潮汕历史的关系，还是‘左联’文化线路与‘中央红色交通线’的关系。”马向明说。

3.效果呈现：韩江成为集红色文化、科普和休闲于一体的游览长廊

“三师”专业志愿者经过调研、节点勘察、资料整理、优化和完善设计方案、落地实施等工作过程，顺利打造了南粤“左联”文化之旅。据了解，目前，依托韩江流域，汕头、潮州、梅州等市串联起汕头西堤公园，潮州陈波儿故居、洪灵菲故居、戴平万故居，梅州“八一”起义军三河坝战役纪念园，龙湖古寨，凤凰山等红色文化、自然和历史文化节点，形成一条可游、可赏、可观、可感的红色文化游览线路。在这条红色文化线路上，安装了统一的“南粤古驿道”标识，保护并修复了若干重要节点，建设了系列展示平台和休憩空间。如在江东大桥旁（江东镇一侧）建设了红棉公园，用以集中展示“左联”以及相关作家的生平和作品。在龙湖古寨和戴平万故居附近建设

了一系列展示平台和游憩空间。其中，溪口渡纪念亭位于戴平万的故乡归湖镇韩江归湖堤旁，主要展示戴平万的生平、事迹及文学作品；红棉公园位于洪灵菲的故乡江东镇韩江东堤旁，公园中建有文学小径、南粤"左联"纪念墙等宣传纪念设施，主要展示南粤"左联"代表人物及其优秀文学作品；龙湖古码头水利公园位于龙湖镇韩江南堤旁，主要展示韩江的水利史、水运史。

此外，广东省还通过挖掘南粤"左联"与红色秘密交通线的革命遗产，将传承、弘扬红色文化与建设广东万里碧道结合起来，走出了一条具有韩江特色的碧道建设融合发展之路。

自2020年以来，南粤"左联"之旅二期项目的韩汀线纪念地、韩江古水驿纪念地、赐茶公园、韩江河口公园这4个堤岸纪念地建设加速推进。其中位于汕头市澄海区的韩江河口公园，是南粤"左联"之旅7个纪念地中最下游的节点，用于纪念杜国庠、侯枫、陈子谷等汕头籍"左联"人物以及宣传韩江河口水文化。

南粤古驿道不同凡响的"红色气场"是毋庸置疑的。但是，岁月已令它芳容不再。如何能够再现它的"红色气场"呢？

"古道的修复不能够抹去古道上沉积的时间，破坏历史就是抹去时间，'红色气场'的再现应该使用一种既不破坏历史，又能够体现今天我们的价值观的方法。"马向明说。

溪口渡纪念亭文化节点（一）
（彭剑波拍摄）

溪口渡纪念亭文化节点(二)
(彭剑波拍摄)

第六章

博物览志　以史鉴今

撰稿人：江家敏　受访人：施瑛　王芳

受访人简介

施 瑛

“三师”专业志愿者，华南理工大学建筑学院副教授，研究方向为建筑设计及其理论、城市设计以及历史建筑与街区的保护和更新。华南教育历史研学基地（坪石）的主要规划设计者。2020年获全国优秀城市规划设计奖三等奖、广东省优秀城市规划设计奖一等奖。

王芳

“三师”专业志愿者，现任广东省博物馆馆长助理、教育推广部主任、研究馆员，曾主持策划南越王墓“南越玩国”儿童区、广东省博物馆“文物动物园”儿童专题展，负责广东省博物馆全年的教育活动策划实施和宣传工作。

博物馆是保护和传承人类文明的重要殿堂，是连接过去、现在、未来的桥梁，在促进世界文明的交流与互鉴中具有特殊作用。2015年，习近平总书记到陕西省视察时指出，一个博物院就是一所大学校。要把凝结着中华民族传统文化的文物保护好、管理好，同时加强研究和利用，让历史说话，让文物说话，在传承祖先的成就和光荣、增强民族自尊和自信的同时，谨记历史的挫折和教训，以少走弯路、更好前进。

南粤古驿道作为广东省重要的文化线路遗产，拥有历史悠久、文化底蕴深厚、类型丰富、形式多样的遗产资源。2016年至今，广东省在开展南粤古驿道保护与利用工作的过程中，注重文化遗产的保护与利用，传承中华民族传统文化，努力“以古人之规矩，开自己之生面”，实现中华民族传统文化的创造性转化和创新性发展，为南粤古驿道及其沿线地区提供各式各样的文化产品，满足人们日益增长的文化需求。

对此，“三师”专业志愿者以专业的技术力量参与到南粤古驿道活化利用行动中，通过专业技术指导、协助各地进行文物挖掘、博物展陈、文化宣传等工作，促进了南粤古驿道沿线博物馆的建设及南粤古驿道历史文化的活化利用，达到了“博物览志，以史鉴今”的目的。

一、提供满足人民群众需求的古驿道文化产品

(一)促进广东城乡文博设施的平衡发展

中国博物馆事业已有一百多年的历史，各类博物馆不仅是中国历史的保存者和记录者，也是当代中国人民为实现中华民族伟大复兴的中国梦而奋斗的过程的见证者和参与者。近年来，随着公众对博物馆事业关注度的不断提升，中国的博物馆事业进入高速发展时期，其规模正在快速增长。广东省博物馆体系也在逐步形成，不仅在数量、类型上发生了巨大的变化，还形成了自身特色。然而，在粤东、粤西、粤北的古驿道沿线地区，博物馆、展览馆、文化馆等文博场所仍存在数量不足、分布不均衡等问题。

南粤古驿道的历史文化资源丰富，据不完全统计，广东省现存古驿道本体共计233段，长约710.44公里。此外，古驿道沿线现存古驿道本体、古亭、古桥、古关、指路石、古码头、碑刻、标语、古遗址、古建筑基址、古墓葬、古村落等文物古迹共906处。这些历史古迹资源既包括博物馆、历史古迹等实体物质，也包括历史事件、人物精神等精神内容。对此，广东省可将南粤古驿道丰富的历史文化资源合理、有效地“用起来”“用好”。建设南粤古驿道文博设施，是合理利用这些历史文化资源的有效方式之一，对南粤古驿道进行博物展陈具有可行性、必要性和重要性。“三师”专业志愿者通过建设南粤古驿道文博设施、开展南粤古驿道文化活动等方式，缓解南粤乡村精神文化产品供不应求的情况，促进广东省城乡文博设施的平衡发展。

(二)满足广大乡村群众的文化生活需求

随着我国经济的不断发展，在人民生活总体上达到小康水平的条件下，人民群众对物质生活的基本需求已基本得到满足，进而对精神文化生活提出了更高的要求，这使得精神文化产品生产的不足与人民群众日益增长的精神文化需求之间的矛盾越来越突出。如今，乡村振兴工作已初见成效，乡村经济逐渐得到了发展，因此，这种矛盾在乡村地区更为突出。乡村振兴，要完成“产业兴旺、生态宜居、乡风文明、治理有效、生活富裕”，即要完成在产业、生态、文化、人才、组织五方面的振兴。针对“乡风文明”对繁荣乡村文化提出的新要求，通过培育文明乡风来提高农民文化程度，以满足广大乡村群众的文化生活需求，这正是南粤古驿道文博设施建设的意义所在。

南粤古驿道活化利用行动，是广东省实现乡村振兴的“推动者”。广东省结合南粤古驿道建设，助力乡村振兴，让偏远地区的乡村富起来，是“以道兴村”最重要的目标之一。同时，在物质生活得到充分满足的条件下，群众对精神生活的需求日益增长，对文化活动有了新向往和新追求，包括学习科学文化知识、完善文化设施、发展本土文化和民间文化等。但是广东乡村地区的群众文化生活普遍存在形式单调、以消遣娱乐类为主等问题，南粤古驿道沿线欠发达地区的文化精神产品则更为短缺。因此，“以道兴村”的另一个目标，就是要振兴乡村文化，满足农村群众的精神需求。“三师”专业志愿者将南粤古驿道丰富的文化遗产资源合理、有效地用起来，让乡村物质文明与精神文明能够协调发展、互相促进，起到一箭双雕的作用。

二、南粤古驿道文博场所提供多元化精神文化产品

(一)展示内容的多样性

“三师”专业志愿者、华南理工大学建筑学院副教授施瑛在指导南粤古驿道保护与利用工作时发现，南粤古驿道拥有丰富的历史文化资源、自然资源、地理资源等，这决定了南粤古驿道文博设施展示内容的多样性。

南粤古驿道文博设施展示内容主要有古驿道沿线的物质文化遗产和非物质文化遗产，包括“古驿道和交通史迹”“城市与村落史迹”“商品生产与贸易史迹”“多元文化史迹”以及“口头传统和表现形式”“表演艺术”“社会实践、仪式、节庆活动”“传统手工艺”等内容，与此同时，文博设施也将结合生态、科技等专业领域进行展陈，还表达红色文化、华侨文化、海丝文化、迁徙文化、华南教育历史等特色主题内容。

“三师”专业志愿者、广东省博物馆研究馆员王芳博士介绍，博物馆展品源于文物，经历了持续的拓展：从经典向日常拓展、从可移动向不可移动拓展、从物质向非物质拓展，由此极大地提升了博物馆反映社会与自然的广度。正是展示内容的多样性与广泛性，使得南粤古驿道文博设施足以向南粤古驿道沿线群众提供多元化的精神文化产品。

对此，施瑛认为，南粤古驿道本身不应仅是一条道路，更需要从展示内容出发，在展示策划上考虑空间与立体的层面，进行整体的策划，把沿线各类资源利用起来。他建议，关于南粤古驿道的历史文化资源如何利用、展示内容的多样性如何呈现等问题，应做到“规划先行、逐步实施”，即在有限的条件下，根据已有的历史文化资源进行规划、策划，先将蓝图描绘出来，再根据现有条件逐步开展相关工作，将历史文化资源合理利用起来。未来，“三师”专业志愿者团队将继续深挖古驿道及其周边村庄的历史文化，积极探访、探索新线路，同时鼓励各有关部门主动上报相关新发现，不断丰富南粤古驿道文博设施的展示内容，进一步让南粤古驿道精神文化产品更具多样性、更加多元化。

(二)展陈方式的多样性

2007年，国际博物馆协会（ICOM）第21次大会通过了修改后的《国际博物馆协会章程》。该章程对博物馆的定义是“一个为社会及其发展服务的、非营利性的永久机构，向公众开放，为研究、教育、欣赏之目的征集、保护、研究、传播、展示人类及人类环境的有形遗产和无形遗产。”博物馆概念的变化强调其服务社会的新功能。

王芳介绍，如今，博物馆的概念一直在变革，广义的“博物馆”已从保存和展示自然和人类历史的窗口转变为民众终身学习和自我提升、文化休闲的平台，其展陈方式日趋多样化，逐渐重视交互性、增强性、沉浸性的实践体验，并正在更直接、积极地参与到社会生活中，向成为推动社会进步的发动机的目标努力。“理想的博物馆空间应当强化观众的感知，激活其感官，便于观众与展品之间开展活跃的‘对话’。”王芳补充说道：“展览‘活化’过程中还原了缺席的人和故事，重塑了消失的他者和历史，唤醒了参观者对过去生活的理解，进而传递出更多的地方文化内涵与场所精神。”

自2016年开始，在南粤古驿道活化利用的过程中，南粤古驿道沿线新增了许多传承历史、弘扬文化的文博设施，如台山银信博物馆、汕头西堤公园侨批记忆广场、广州应元路南粤古驿道展厅、华南教育历史研学基地等。

不难发现，南粤古驿道沿线地区博物展陈的方式日益丰富多彩，各式各样的展览空间在南粤古驿道沿线“绽放异彩”。目前，主要有以下几种类型。

1.博物馆

博物馆是征集、典藏、陈列和研究代表自然和人类文化遗产实物的场所，是对馆藏物品进行分类管理，并为公众提供知识、教育和欣赏等公共文化服务的社会公共机构。它以学习、教育、娱乐为目的，向公众开放，为社会发展提供服务，是非营利性的永久机构。作为最普遍、最常见的文博设施之一，博物馆为南粤古驿道历史文化资源提供了陈列展示的机会。

台山银信博物馆
（江家敏拍摄）

在世界记忆名录银信纪念地、南粤古驿道出海口纪念地——台山海口埠，有一家以银信为主题的、独具华侨文化特色的台山银信博物馆。银信，又称侨批，是海外华侨通过海内外民间机构汇寄回国的汇款和家书，是一种"信汇合一"的特殊邮传载体。2013年，"侨批档案——海外华侨银信"被联合国教科文组织正式列入《世界记忆名录》。如何将这些蕴含着深邃的侨民文化和丰富的历史信息的银信资料用老百姓喜闻乐见的方式展示出来，成为汕头、江门两地古驿道、古码头活化利用工作的重中之重。而台山银信博物馆正是"三师"专业志愿者给出的最优方案。

海口埠见证了台山当地商贸的繁华与衰落，也见证了老一代华侨的出洋史。自2016年起，在广东省政府和社会各界的积极推动下，"三师"专业志愿者积极参与对台山海口埠的一系列保护、修复和改造。银信是台山市百年来的特色，台山银信博物馆则是海口埠的一大看点，它是广东省内第二家以银信为主题的大型国有文物场馆。当大众走进台山银信博物馆，浏览一份份散发着历史气息的珍贵资料时，便能了解那一段尘封已久的华侨出洋史。

汕头西堤公园侨批记忆广场
（马卡拍摄）

市民观赏汕头西堤公园侨批记忆广场的“侨批记忆之
（陈平拍摄）

台山海口埠银信纪念广场
（来源：南粤古驿道网）

2.文化广场

文化广场是以丰富的文化内涵为主要特色的中大型空旷场地，通常存在于城市区域，是为市民提供休闲娱乐服务的公共空间和文化活动场所。它具有两大作用：一是让人们感受文化内涵，二是为人们提供休闲、娱乐、文化活动的场所。汕头西堤公园侨批记忆广场、台山海口埠银信纪念广场等，都是南粤古驿道沿线典型的文化广场，也是“三师”专业志愿者巧妙展示当地文化的又一创新方案。

汕头西堤公园侨批记忆广场在园中规划有“世界记忆名录侨批纪念地”，将文档资料视觉化，让珍贵的侨批档案资料“走出”传统意义的博物馆，成为城市公共空间的一部分，促进公众深入了解侨批这一历史文献的价值，同时丰富城市的文化内涵。汕头西堤公园还因合理结合了历史文献的展示与人居环境的改善，获得了2017年“中国人居环境范例奖”。

同样，在台山海口埠银信纪念广场内，西洋亭、古码头、观景平台、银信墙等元素也吸引了不少慕名而来的海外侨胞和游客。“三师”专业志愿者借助活化利用南粤古驿道的契机，对台山海口埠进行系统性修复和改造，坚持“修旧如旧、建新如旧”的原则，建成银信墙柱阵、古码头及海口埠—梅家大院6.3公里河堤观光道和陆路7.5公里古驿道等，让沉寂多年的海口埠重新成为公众焦点。

3.小型展厅

小型展厅是南粤古驿道沿线常见的博物展陈方式，以综合事物、人物、场所等要素的最佳空间关系为手段，以传达特定信息为目的，举办形式多样、内容丰富的展览、演示等。如今，已有不少展厅尝试将传统与现代相结合，引进先进技术手段，采用新科技、新方法、新材料诠释和表达主题，为广大市民提供耳目一新的展陈空间。位于广州越秀应元路的南粤古驿道展厅，便是其中的典型代表。

南粤古驿道展厅作为南粤古驿道保护与利用工作对外宣传的窗口，其展示内容丰富、全面、常设常新，能让广大市民直观且深入地了解关于南粤古驿道的方方面面。至今，南粤古驿道展厅已举办了多种不同主题、不同形式的展览，如“广东省‘三师’下乡志愿服务五周年主题活动展览”“南粤古驿道文化创意大赛作品展”“全国主流媒体聚焦‘南粤古驿道·海上新丝路’大型新闻摄影采访活动成果巡展”“古道寻踪——南粤古驿道‘百科全书’展”等。此外，南粤古驿道展厅还配备了南粤古驿道数字体验站，以数字化形式结合VR互动玩法，全方位、立体化地呈现出南粤古驿道自然风貌，让大众足不出户便能“亲临”南粤古驿道，开启一场南粤古驿道的沉浸式探索之旅。

古道寻踪——南粤古驿道“百科全书”展
（彭剑波拍摄）

南粤古驿道 VR 体验站
（何洛曦拍摄）

台山海口埠的历史信息柱
（来源：南粤古驿道网）

4.历史信息柱

历史信息柱可以说是南粤古驿道特有的专利，它创新地将历史文献视觉化、空间化、互动化，被成功运用于南粤古驿道多处重要节点中。据施瑛教授介绍，历史信息柱近似于一种永久性的装置，能长久地保存下来。从某种程度上看，历史信息柱和展板类似，但它是多面的、立体的，能够在更少的空间里展现更多的信息，其柱状图腾式形态，还能起到引导视线、限定空间的作用，可谓一物多用。

说起南粤古驿道上的历史信息柱，就不得不再次提到台山海口埠，这里是最早将历史资料通过历史信息柱来呈现的地方。“三师”专业志愿者、广州市天启正业建筑设计事务所（普通合伙）总裁罗竑介绍，陈列于海口埠的20根银信柱统一采用八面立柱式设计，通过648片烧制的银信瓷片，艺术性地展示了中国第一侨乡台山市的银信的缘起、递送，以及其历史作用与现实文化价值。这种展现方式使历史文献得以活化，用坚硬、耐磨的瓷片工艺代替原本脆弱、易逝的纸质文献，让游客可以不拘泥于室内展馆，在开阔、敞亮的户外也能浏览历史。这种可触摸、可观赏、立体化的艺术表达，是展览方式的创新。

同样，这一特有形式也被运用于华南教育历史研学基地的建设中。与作为开山鼻祖的银信柱相比，升级版的华南教育历史研学基地的历史信息柱在设计上更为讲究。设计师充分考虑人体工效学，将柱子从低到高进行了不同层次的设计布局：视线可轻松触及的低矮部分拼贴文字信息类瓷片，而视线难以清晰触及的较高部分则拼贴照片、图表类瓷片，这样可以更加系统和有效地向公众展示展览的内容。如今，在韶关华南教育历史研学基地的各个办学旧址旁都建有历史信息柱，它俨然已成为华南教育历史研学基地特有的文化符号。它用自己独特的方式向公众讲述了抗战时期华南教育的烽火故事。

华南教育历史研学基地（大村）的历史信息柱
（彭剑波拍摄）

5.其他

南粤古驿道的文博设施远不止上文提到的这些，其他诸如“线性主题游径”“名人旧居、历史遗迹”“文化标识、艺术雕塑”等形式也得到普遍应用（本文“三、华南教育历史研学基地的展陈规划与设计”部分将作详细介绍）。这些设计的初衷只有一个，以更丰富的形式来讲述南粤古驿道故事，弘扬南粤文化。

（三）功能目的的多样化

无论是展示内容的多样性抑或是展陈方式的多样性，其最终目的都是为了实现“历史普及”“科学普及”“文化传播”“思想文化教育”等功能，让这些精神食粮能丰富百姓的日常文化生活、提升民智、凝聚民魂、增强民族文化认同感和自豪感。

由于南粤古驿道主要分布在广东山野乡里，连接的更多是乡村、乡镇，因此在历史文化信息的呈现方式上仍以经济实用的展板为主，不花大价钱就能为乡村提供更为丰富的精神文化生活。与此同时，“三师”专业志愿者也在努力加强其他类型的文博设施的打造，不断用最新的技术、手段、方式激活南粤古驿道遗产，激发民众游览、观赏的热情。2018年，广东省住房和城乡建设厅副厅长郭壮狮在调研西京古道的时候就曾指出：“要改进标识、标牌，充实历史文化、人物志、交通变迁和村庄迁徙、民族特色文化等内容。”王芳博士解释道：“对相关信息的阐释和布展方式形成了一种独特的叙事策略，这种叙事策略既是对历史的再现，也是对历史意义的重新建构。”

据施瑛教授介绍，文博设施的作用，除展示历史故事之外，还有一个很重要的功能就是科普教育。他认为，南粤古驿道承载着丰富的精神文化内涵，不仅能让人们了解历史，还能增长人们的科学文化知识。广东省不同地段的古驿道有着不同的地理地质条件、生态自然环境，可以开展“科学普及”；不同地域的古驿道延续着不同的人文、民俗、民风，可以开展“文化普及”；更不必说绵延悠悠千载，散落于不同朝代、时期的史料片段，可以开展“历史普及”。这些都是南粤古驿道可以承载的、非常重要的文化功能，更是上至文史地专家、学者，下至普通老百姓都非常渴望获取的知识宝藏。所以说，保护南粤古驿道，活化南粤古驿道，很重要的目的就是要把这些集科学普及教育、文化普及教育和历史普及教育于一体的知识信息转化为系统的、丰富的、有趣的文化产品，让不同文化层次、不同年龄层次的受众都能从中找到自己的精神所需。

如今，施瑛教授以及众多“三师”专业志愿者的愿景，正在逐步实现。经过五年的努力，南粤古驿道沿线合适的节点已建起一座又一座图书馆、展览馆、文化馆……以位于韶关乐昌华南教育历史研学基地（坪石）的定友图书馆为例，该馆是为了纪念抗战时期国立中山大学在坪石办学期间不畏艰险、坚持维护书籍这一人类精神食粮的杜定友馆长而设计建造的，既为普通游客、研学学生提供了展览展示、文化传播、科普教育服务，还充当着书店、图书阅览室、文化交流中心的功能。村民农闲、下工时便有了好去处，孩子放学后便可扎入墨香书海，引得当地村民纷纷叫好，他村村民齐齐羡慕。在此之前，杜定友也许只是一个不那么为人所知的名字，而现在，他的事迹不仅让大家耳熟能详、交口称赞，他恪尽职守、舍身护书、以己为先宣传“爱国、爱馆、爱人、爱书”的精神也真切地、可喜地传承到了当代读书人身上。

这不正是乡村该有的样子吗？

三、华南教育历史研学基地的展陈规划与设计

作为南粤古驿道上最成功的文博设施，华南教育历史研学基地值得细谈。

2019年6月下旬，“三师”专业志愿者在坪石镇西京古道（乐昌段）一带调研时，发现了保护意义重大的抗战时期国立中山大学等学校办学的历史遗址遗迹，随即迅速作出决策，将其纳入南粤古驿道保护与利用工作的范畴之中。随着调查的深入，“三师”专业志愿者发现这类教育历史遗址并非孤存于坪石镇一处，他们从浩若烟海的历史文献中提取到宝贵信息，探明了除韶关外，清远、梅州、云浮等地的隐秘办学点。自2019年7月起，“三师”专业志愿者多次前往这些地区调研，结合史料不断考证，终于挖掘出了抗战时期国立中山大学、私立岭南大学、东吴大学、广东省立仲恺高级农业职业学校、广东省立文理学院、培正培道联合中学等办学旧址近百处。这些中高等院校当年迁至粤北，艰难办学，延续教育火种，形成了如今的中山大学、华南理工大学、华南师范大学、华南农业大学、仲恺农业工程学院、惠州学院、广东实验中学、广州市培正中学、广东仲元中学等，同时也是香港岭南大学、澳门培道中学、台湾东吴大学等院校的根脉所在。这些流淌在历史长河中的集体记忆是华南教育集体经验在时间长河冲刷下的留存与积淀，承载了我国华南地区的历史文化传统与民族情感，对当地文化的延续和身份认同有非常重要的意义。

方为民介绍，建设粤北华南教育历史研学基地是南粤古驿道保护与利用工作的延伸。在广东省委、省政府的领导下，在广东省自然资源厅、广东省文化和旅游厅等相关单位的共同推动下，在“三师”专业志愿者和南粤古驿道网以及地方政府的共同努力下，韶关大村、韶关坪石、清远连州、云浮、梅州五处华南教育历史研学基地的相关工作已全面铺开，部分节点已完成概念规划、方案设计、建筑修复等，配套活动和宣传也在陆续组织开展。

郭壮狮一行督导梅关—乌迳古驿道的标识系统（来源：南粤古驿道网）

方为民一行实地调研华南教育历史研学基地——国立中山大学法学院在乐昌坪石的办学旧址（江家敏拍摄）

据施瑛教授介绍，华南教育历史研学基地的展陈规划与设计，从一开始就没有建一个大型博物馆的想法。一是因为大型博物馆的形式不适用于当地，各大院校的办学点都是分散且独立的，因地制宜地打造不同的文博设施、有针对性地进行博物展陈，才能让各个节点更具有纪念意义；二是因为大型博物馆的投资太大，不利于相关工作的推进，位于村庄里的文博设施还是以朴素、接地气，并且与周边环境相协调的建筑形式建设更为合理。对此，王芳博士结合在韶关华南教育历史研学基地策划的数个展览，提出："'乡村博物馆'要与乡村相融合、与村民及游客产生共鸣，要能重塑社区精神。我们要把'乡村博物馆'打造成研学空间，激发、延续、共享华南教育精神。"

现阶段，华南教育历史研学基地的展陈规划与设计中很重要的一个组成部分是办学纪念地（园）。与一般城市广场项目不同，办学纪念地（园）的设计不是为了营造一个材质精美、空间复杂的场所，而是在尊重历史遗迹的基础上，除了必要的安全性和纪念性考虑，尽可能不对原有场地进行过多干预，以保护办学地原有风貌为基础，以优化和提升居民生活环境、满足研学活动需求为目的。华南教育历史研学基地办学纪念地（园）的文博设施主要有以下几种类型。

1.主题展示馆

主题展示馆是一种向观众解读展品主旨立意的文化专题类场馆，是一种为了满足观览者文化、科普、娱乐等多样化需求而建造的具有创新活动方式的现代观览场所。主题展示馆一般根据特定主题，通过文化复制、文化移植、文化陈列，以VR技术、场馆环境营造和相当具有吸引力的主题情节来贯穿整个场馆展陈设置，达到满足游客好奇心、提升游客参与度的目的。

华南教育历史研学基地（坪石）中，设立有武阳司村"《资本论》与中国经济学教育历史陈列馆"、管埠村"国立中山大学师范学院历史陈列馆"等这类特定主题的展

韶关市乐昌市坪石镇管埠村国立中山大学师范学院历史陈列馆
（乐昌市华南研学工作专班拍摄）

韶关市乐昌市坪石镇管埠村“诗音漫道”
（来源：南粤古驿道网）

览设施。它们都是结合当地颇具特色的老旧建筑进行一定的改造与更新，再结合建筑自身规模打造而成的主题展示馆。这一类型的展览设施，侧重于体现所处节点的特色文化，并以此作为特定主题进行打造，将相关历史文化资源进行系统性整合，围绕特定主题策划相应的展览，以便更好地向公众讲清历史、讲好故事。

2.线性主题游径

线性主题游径是一种直接将南粤古驿道本体作为博物载体的展陈方式，可以看作线性的开放式展厅。南粤古驿道有深厚的古道文化作为依托，而线性主题游径则是在线性游径的基础上突出某一特定主题，让游客能够在各种选择中迅速找到符合自己喜好的游览线路。例如位于乐昌市坪石镇管埠村的松林古道，该古道在“三师”专业志愿者的活化建设下，被打造为“诗音漫道”，供后人前来缅怀马思聪、许幸之等坪石先师。

“诗音漫道”主题源于许幸之的一篇回忆与马思聪对话的文章，该文章讲述了1943年他与马思聪在管埠村松林小径漫步畅谈，以诗音会友的故事。两人触景生情，交流了许多关于音乐、美术、诗词、歌剧、舞剧及电影等方面的个人感悟。通过对相关历史资料的研究，“三师”专业志愿者将这条古道挖掘出来，并基于两位艺术大师一边漫步一边结合周边风景进行学术交流的故事，打造出“诗音漫道”这一条独具特色的艺术主题游径。乐昌市人民政府副市长邓洪炜指出：“‘诗音漫道’整体较长，适合步行。我们将在其沿线具有历史意义或周边环境优美的地方设置休憩节点，增加生态类的休憩设施，以供游人临时休憩。未来，我们将配合相关时间节点，在沿线休憩节点增加音乐、诗话等艺术类表演，凸显‘诗音漫道’的艺术价值。”可以预见，未来，游客们行走其间，悠扬的《思乡曲》在耳畔轻鸣，伴着松涛竹韵的和声，怎叫人不感叹艺术的圣洁与高雅，怎叫人不叹服艺术给中国人带来的觉醒和抗争力量！

3.名人旧居、历史遗迹

对南粤古驿道沿线名人旧居、历史遗迹等节点进行保护与修缮，亦可起到博物展陈的作用。此类型节点的活化利用有两种方式：一是对有修缮条件的、有历史依据的旧居、旧址进行保护性修缮，再进行活化利用；二是对已经被毁坏的、无法查证的遗迹、遗址进行原址原样保存处理及保护性处理。

华南教育历史研学基地通过对名人旧居、办学旧址的挖掘、修复，将其适应性再利用，使其成为具有历史教育意义的文博设施。邓洪炜副市长表示，乐昌市这两年华南教育历史研学基地工作的重点放在了还原历史风貌上，而最终还是要做好基地的活化利用。

如前所述，整个华南教育历史研学基地都没有一个固定的大型博物馆，只是通过活化利用老旧建筑打造散点式观光节点，再通过特别设计的步行路径将这些室内外空间串联起来。其中占据绝对数量且格外重要的就是那些珍贵的名人旧居、历史遗迹。往大处看，那一幢幢历史建筑、一处处历史遗迹本身就是华南教育历史研学基地这个大型开敞式露天博物馆的固定展品，值得游客边走边看边思考，沉浸在历史的场景中加以体验；往小处说，那一幢幢历史建筑、一处处历史遗迹（尤其是前者）又是另一种盛放历史资料、实物遗存的容器，自成一套缩小的博物展览系统，将办学旧址的整体情况和学系故事展示在其中。对此，王芳博士建议："要通过阐释帮助观众理解隐藏在展出物中的信息，例如通过空间经营建立易于理解的观察平台，利用操作与体验装置使观众获得直接经验，利用文字、图像与声音系统向观众进行深入阐释。"

除拥有反映历史、阅读历史的空间外，还有亚南书舍、观音堂、梓松坊等休闲场所。这些场所如同交响音诗中不可或缺的休止符，让人从沉重的历史中暂时抽离出来，放松身心，抖擞精神，准备迎接下一场思考。

华南教育历史研学基地的亚南书舍
（江家敏拍摄）

利用名人旧居在华南教育历史研学基地打造各类“工坊”是历史建筑再利用的另一个巧思。“三师”专业志愿者用学系为其命名，如建工坊、标本坊等，让公众能参与到相关的研学教育、制作体验活动中。如此一来，这里便不仅有传统的、静态的博物展陈空间，还有了全新的、独特的体验式“工坊”，让参观者五体皆可勤动起来，从而对华南教育历史研学基地产生更深刻的印象。

4.文化标识、艺术雕塑

文化标识、艺术雕塑多用来点缀和标记公共空间，借以反映社会生活、时代精神，表达创作主题的审美感受与理想。华南教育历史研学基地亦可见这些为了讴歌某一主题而创作的作品。

最引人注目的要数位于广州美术学院雕塑与公共艺术学院的粤北“坪石先生”公共雕塑了。该项作品充分考虑了当地历史文脉、地理环境、公共空间等因素，结合当代艺术语境下公共雕塑创作的前沿观念及未来发展趋势，强调以新观念引领、新材料创新、新技术应用为创作理念，通过将项目实践嵌入课程教学、课题研究、党建主题教育的方式，探索“产、学、研”互动模式，围绕“历史遗产挖掘”“研学空间营造”“文化游径生成”“人文精神塑造”的综合定位，完成了具有一定标志性、文化性、公共性、空间性、亲民性与互动性的雕塑与公共艺术创作，打造了集“历史、文教、旅游、艺术”于一体的当代纪念性雕塑与公共艺术空间，进一步活化粤北华南教育历史研学基地的空间环境，弘扬了爱国主义精神，强化了粤北独特的文化形象。

施瑛教授坦言，关于华南教育历史研学基地的展陈规划与设计，没有标准“答案”，南粤古驿道也一样。“三师”专业志愿者在进行相关文博设施设计建造时，会结合每一条古驿道、每一个节点曾经拥有的历史文化特点和现在具备的自然地理特点，为其量身打造可以展现其独特风格和特殊意义的主题内容。

粤北“坪石先生”公共雕塑视觉图（一）
（广州美术学院绘制）

粤北“坪石先生”公共雕塑视觉图（二）
（广州美术学院绘制）

四、转变南粤古驿道沿线文博设施的管理模式

(一)当地负责、基层管理

广东省政府深知，南粤古驿道沿线文博设施的管理，肩负着历史文化保护与传承的重任，不能以利益为驱动，而要以公益为目的，适当兼顾盈利性，做到"政府引导、社会力量加入"，即由县级政府主抓建设，完工后交由镇村基层直接管理，省级相关部门委派由"三师"专业志愿者协会组建的南粤古驿道技术指导组展开定期指导和不定期指导，同时吸纳社会力量，让当地群众积极、主动地参与到博物场馆的策划、布展工作中。

在"三师"专业技术指导组工作的持续深入开展下，各地政府均产生了一些观念上的转变，从初期被动接受、无所适从，到如今提高认识，由衷地认同南粤古驿道的历史价值与当代意义，并能够发挥主观能动性，将南粤古驿道作为推动镇村发展的重要基础设施和历史文化资源。比如，韶关市乐昌市在开展华南教育历史研学基地规划建设工作时就很有一套。当地组织"专班"负责相关工作，华南研学工作专班设例会制度，由主管部门领导，工作按层级明确分配。经过时间的检验，证实了这的确是一种高效的工作机制，值得各地借鉴学习。

(二)为民所用、保持生机

吸引当地群众参与使用、管理南粤古驿道沿线文博设施，可以避免其遭遇"建成即荒废"的尴尬局面。为民所用，可以让文博设施保持生机，让"博物览志、以史鉴今"的工作可持续发展，而不是"昙花一现"。例如，坪石老街将计划打造多功能展厅，定期举办各种类型的展览，吸引当地群众前往参观。其实，古驿道上有许多开放性的多功能空间都可运用这种方式进行活化，即做好硬件设施的基础建设，并且植入主题展陈这些软件设施，确保文化场馆的正常运作，保持人流不息、活力不断的局面。当然，除静态的博物展陈方式外，剧目表演、电影拍摄等动态展陈方式也具有相当大的虹吸效应，能够促进资源、流量向古驿道倾斜。总之，动静结合、物尽其用，才能让乡村的历史资源焕发新生，让乡村文化生活展现新貌。

同时，从长远看，长期性、持续性的管理还需要社会力量的加入。施瑛教授多次强调，在"博物览志、以史鉴今"的道路上要收集各种各样的想法、思路去推进工作。希望它(作为露天博物馆的古驿道)是一个长期性的、运动式的、能够发展成真正有利于民众的文博设施，对人们未来的生活起到积极作用。

五、增强南粤古驿道沿线群众民族认同与文化自信

(一)认识当地的历史，认同自己的文化

南粤古驿道沿线文博设施的建设，使得粤东、粤西、粤北地区的群众对自己家乡的历史有了更多的认知和更深的认同，通过了解过去，产生了荣誉感和自豪感。这样的故事在华南教育历史研学基地(坪石)随处可见。乐昌市坪石镇三星坪村的

朱兰修老先生如今已有九十多岁，每当讲起抗战时期的华南教育历史，他的双眸都会发光。抗战时期国立中山大学工学院院长陈宗南的旧居是朱兰修老先生的居所。随着华南教育历史研学基地相关工作的推进，朱兰修老先生更深入地了解到抗战时期华南教育的那段历史，由衷地产生了认同，并将自己的居所捐租出来，配合相关建设工作，为华南教育历史研学工作贡献自己的一分力量。

再次回到之前反复强调的一点，不管是华南教育历史研学基地，还是南粤古驿道沿线，都较少进行综合性的大型博物馆建设，取而代之的是将各个博物展陈的场所分散到各节点，其中一个重要的目的就是让当地村民能够了解历史，重新认识自己生活的环境，从而提升群众的历史文化认同感。这一举措具有重要的现实意义与价值。同时，通过提高群众的思想意识，反过来支持和推动当地相关工作的深化开展，可以形成良性循环。

(二)了解南粤古驿道，传扬南粤好故事

南粤古驿道承载着地域历史文化。古驿道被重新保护与利用，对本地人而言是当地乡村文化记忆的再发掘，要留住绿水青山，必须记住乡愁，如果村民失去了对当地乡村文化的认同和自信，那么无论如何开发和发展，只会徒有其表，无法让乡村真正得到活化。对外地人来说，古驿道则是一个能够聆听“广东好故事”的重要载体。

南粤古驿道沿线文博设施通过各式各样博物展陈的类型，让人们可以了解南粤古驿道，从而“博物览志、以史鉴今”，传扬南粤好故事。古驿道沿线居民作为本地人或亲历者，通过文博场所可以深入地了解当地的历史故事，并转变角色，从观众、游客转变成传承者、传扬者，从“听故事的人”转变成“说故事的人”，加入传扬南粤好故事的队伍中，更有说服力地为外来游客介绍相关历史故事，提升外来游客对南粤古驿道的认识和理解，从而产生更深刻的印象。

(三)提升民族认同感，增强文化自信心

南粤古驿道是历史上中原汉人入粤和岭南进行商贸活动的主要路径，就像是活力奔腾的动脉，源源不断地将物资、人流、文化往来输送，形成了广东多民族民系文化萌生发展的历史轨迹，是彰显海外侨胞的深厚家国情怀的归根纽带。南粤古驿道是先辈们曾经走过的路，是宝贵的历史文化资源，后人要有足够的文化自信，并且有义务和责任保护、守护、修复、利用它并将它发扬光大，重现昔日的繁荣或社会经济价值，这不但能带给人知识，也能带给人惊喜，更能够增强当地居民的认同感和自豪感。

“传承”，也是南粤古驿道沿线文博设施的重要功能之一。当参观群众深入了解了有关南粤的历史文化，如抗战时期华南教育、“左联”红色之旅、东江纵队省港大营救等历史时，他们也将成为这些历史与精神的传承者、弘扬者，这对提升民族认同感、增强文化自信心有着重要的意义与作用。

最后，作为“驿路同游”综合实践课的主持者，王芳博士坦言，古驿道研学活动、华南教育历史研学活动等，不仅是向外部空间拓展研学的一种尝试，更是新型教育活动构建的一种探索，旨在通过挖掘南粤古驿道丰富的不可移动资源及其深刻的

历史文化内涵，引导学生通过项目式学习模式，充分发挥学生的主动性与创造性，并使他们能进行自主学习与知识建构。

而在谈及南粤古驿道“博物览志、以史鉴今”活化利用工作的未来时，施瑛教授期待道：“希望能看到古驿道沿线相关文博设施实现从‘浏览式’向‘浏览式+体验式’的转变。”他表示，在此过程中，“研学”是一个重要的创新方式。以往，博物馆都是通过一种静态观察、知识获取的方式实现“以史为鉴”，如今，方兴未艾的研学模式，也是博物展陈方式的一种，它能让人产生更强烈的代入感，通过体验式的“博物览志”，达到对历史、对文化产生更深刻的认识与理解的目的，更好地“以史为鉴”。

第七章
人文湾区　协同共建

撰稿人：彭剑波　受访人：王朝晖　何守谦

受访人简介

王朝晖

珠海市交通运输局党组书记、局长，中国城市规划学会理事，中国城市规划学会乡村规划与建设学术委员会委员。

何守谦

“三师”专业志愿者、香港特别行政区注册建筑师、香港大学文学士（建筑研究）、香港大学建筑学士、香港建筑师学会资深会员、香港特别行政区政府认可人士（建筑师）、广州大学建筑与城市规划学院客座教授。

2020年10月14日，习近平总书记在出席深圳经济特区建立40周年庆祝大会和视察广东时作出重要指示："积极作为深入推进粤港澳大湾区建设。"

大浪潮起南粤，珠江、香江、濠江一衣带水；南粤古驿道遍布岭南，广东、香港、澳门携手相望。在粤港澳大湾区建设尤其是"人文湾区"的建设中，南粤古驿道大有可为。

一、粤港澳大湾区视角下的南粤古驿道

粤港澳大湾区地处南海之滨，珠江之畔，这里自古以来人文荟萃，物产丰富，文化同源，人缘相亲。粤港澳大湾区包括香港特别行政区、澳门特别行政区和广东省广州市、深圳市、珠海市、佛山市、惠州市、东莞市、中山市、江门市、肇庆市，总面积5.6万平方公里，截至2017年末总人口约7000万人，是我国开放程度最高、经济活力最强的区域之一，在国家发展大局中具有重要战略地位。[①]

①中共中央 国务院印发的《粤港澳大湾区发展规划纲要》。

(一)阡陌交通系三地

粤港澳三地的共同历史，可以追溯到商周时期，并一直持续到现在，这主要得益于地理空间上的交通联结。历史上，联通粤港澳三地的陆路交通体系主要就是南粤古驿道，而海上丝绸之路，则是联通粤港澳三地的海上交通体系。

南粤古驿道大致以旧时的广州城为中心向东、南、西、北四个方向延伸、辐射。2017年，《广东省南粤古驿道线路保护与利用总体规划》明确规划了粤北秦汉古驿道、北江—珠江口古驿道、东江—韩江古驿道、西江古驿道、潮惠古驿道、肇雷古驿道六大线路，全长11234公里，其中陆路6903公里、水路4331公里，构建起了广东省的古驿道网络体系。这六大线路涵盖了广东省内各个方向的古驿道。而在粤港澳大湾区内的古驿道线路主要有北江—珠江口古驿道、东江—韩江古驿道、西江古驿道、潮惠古驿道、肇雷古驿道这五条。其中北江—珠江口古驿道线路中的岐澳古道就是古代广东沟通澳门、香港的重要陆路通道。南粤古驿道文化线路具体规划见下表。

南粤古驿道文化线路规划一览表						
线路	主线/支线		城市	长度（公里）	线路类型	
					陆路（公里）	水路（公里）
粤北秦汉古驿道线路 总长：951公里	主线 580公里	西京古驿道（东线）	韶关 清远	194	668	283
		西京古驿道（西线）		255		
		茶亭古驿道		131		
	支线 371公里	宜乐古驿道		231		
		阳山秤架古驿道		76		
		城口湘粤古驿道		64		
北江—珠江口古驿道线路 总长:3009公里	主线 1511公里	北江古驿道	韶关 清远 广州 佛山 中山 珠海 江门	580	1427	1582
		南雄—广州古驿道		368		
		广佛中古驿道		467		
		香山古驿道		96		
	支线 1498公里	滃江古驿道		132		
		流溪河古驿道		142		
		乌迳古驿道		11		
		水口—南亩古驿道		69		
		始兴—清化古驿道		142		
		翁源桂花—龙马古驿道		41		
		翁源古驿道		123		
		佛冈古驿道		69		
		花县古驿道		96		
		崖门古驿道		120		
		潭江古驿道		141		
		台山古驿道		215		
		台恩古驿道		40		
		明鹤古驿道		129		
		肇鹤古驿道		28		
东江—韩江古驿道线路 总长:3179公里	主线 1285公里	东江古驿道	广州 东莞 惠州 河源 梅州 潮州 汕头 汕尾 深圳 揭阳	476	1797	1382
		韩江—汀江—梅江古驿道		809		
	支线 1894公里	广州—惠州古驿道		133		
		惠州—龙川古驿道		153		
		西枝江古驿道		132		
		增城—龙门古驿道		80		
		和平古驿道		209		
		新丰古驿道		65		
		紫金古驿道		90		
		枫树坝古驿道		126		
		梅州—平远古驿道		79		
		梅州—兴宁古驿道		92		
		梅州—潮州古驿道		302		
		丰顺—揭阳—潮州古驿道		142		
		梅州—蕉岭古驿道		57		
		石窟河古驿道		81		
		大埔—饶平古驿道		153		
西江古驿道线路 总长:988公里	主线 192公里	西江古驿道	肇庆 云浮 佛山	192	493	495
	支线 796公里	肇庆古骚道		203		
		贺江古驿道		108		
		怀封古驿道		130		
		绥江古驿道		195		
		怀四古驿道		160		
潮惠古驿道线路 总长:757公里	主线 428公里	潮惠古驿道	惠州 汕尾 揭阳 汕头 潮州	428	757	—
	支线 329公里	海丰—陆河古驿道		58		
		观音岭古驿道		29		
		陆丰—揭阳古驿道		104		
		潮阳—普宁古驿道		76		
		潮阳—揭阳古驿道		32		
		风吹岭古驿道		30		
肇雷古驿道线路 总长:2350公里	主线 874公里	肇高廉古驿道	云浮 茂名 江门 阳江 湛江	460	1761	589
		南江口—高州古驿道		207		
		梧雷琼古驿道		207		
	支线 1476公里	南江古驿道		200		
		新兴—恩平古驿道		71		
		新兴—阳江古驿道		185		
		阳江—茂名古驿道		185		
		阳江—遂溪古驿道		263		
		阳江—台山古驿道		143		
		鉴江古驿道		172		
		吴川—化州古驿道		32		
		云城古驿道		51		
		调丰古驿道		37		
		南渡河古驿道		85		
		徐闻古驿道		52		
合计	主线:4870公里，支线:6364公里			11234	6903	4331

（注：来源于2017年《广东省南粤古驿道线路保护与利用总体规划》）

水陆兼备，是南粤古驿道独有的特色。除陆路之间的交流和联通外，广东、香港、澳门地区通过古驿道与海上丝绸之路拓宽了三地的空间连接范围，与外部的交流也变得更加紧密、频繁。这些地理上的沟通，主要是通过南粤古驿道出海口——江门台山海口埠、广州黄埔古港，珠海东澳岛海关古道等实现的。

自2016年以来，广东省自然资源、文旅、体育、住建、教育等各级相关部门协同发挥各自职能优势，持续深入开展南粤古驿道保护与利用工作，稳步推进了1200多公里重点线路、588个重要节点建设，形成了覆盖18个市31个县（市、区）、总计18条（28段）的重点线路网络，并辐射、联结到港澳地区。目前，尤其是在粤港澳大湾区范围内的城市，遗存的众多的古驿道及相关节点得到了保护、修复与活化利用，如广州从化广韶古道、惠州罗浮山古道及高潭古道、中山及珠海岐澳古道、肇庆羚羊峡古道、江门台山海口埠等。

(二)岭南城乡寻根脉

地理空间上的连接必然会带来商贸往来、人口迁徙、文化交流等，从而使粤港澳三地形成了同宗同源的文明以及血浓于水的情感共鸣。

在谈及粤港澳文化或者港澳文化前，人们有必要先明确一个概念——广府文化。广府通常指以广府话（粤语）为母语的民系的所在地。地域涵盖珠江流域的西江中下游地区、北江中下游地区和珠江三角洲地区（含广东西部、西南部、南部、东南部、中部、北部部分地区和广西东部、东南部、南部部分地区，以及香港、澳门地区）。广府人一般指岭南地区早期的百越族人与中原移民融合衍生的一支汉族民系，以广府话（粤语）为母语，或有身份认同，受其文化祖训的人。广府文化则通指广府民系的文化，属广府话（粤语）文化带的文化。而今天所说的与粤港澳大湾区同根同源的文化，很大程度上就是指广府文化。[①]

①李永杰：《粤港澳的历史渊源与文化血脉》，《中国社会科学报》2019 年 8 月 2 日

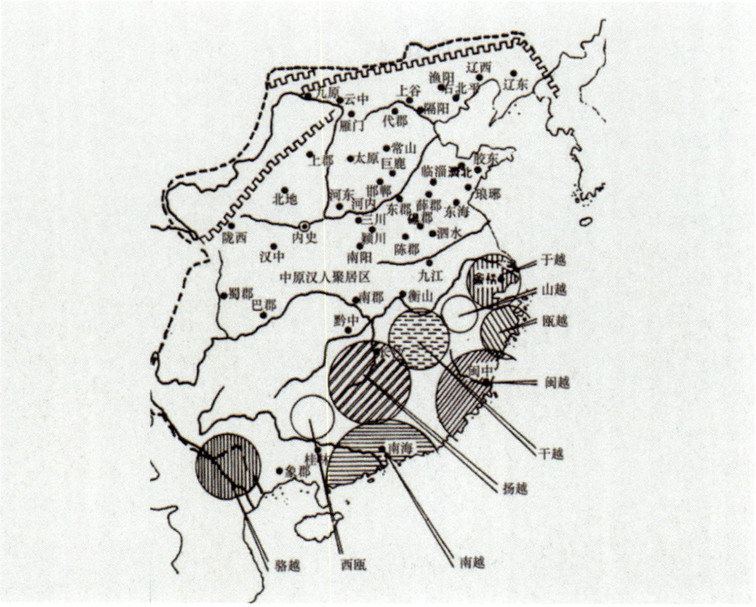

百越民族分布图
（广州大学王河提供）

南粤古驿道之于粤港澳大湾区根脉认同的表现有以下三个方面。

1.文化之缘:多民系融合及多元文化诞生

香港早期文化与珠三角地区文化一样,同属于南越文化。清初,政府沿海“迁界”,大量粤东客家人迁移到香港,他们的祖籍地一般是五华、兴宁、梅县,也有少部分人来自福建和邻近香港的惠州一带。当时,香港地区人口以客家人为主,并有其他民系杂处。鸦片战争以后,大批珠三角地区的广府人迁居香港,带去了广府文化,自此,香港的粤方言、风俗习惯等都与以广州为中心的珠三角地区相同。广府文化覆盖了香港大部分地区,只在新界山区保留了传统的客家文化。在英国殖民统治下,西方文化在香港快速传播和发展。由于当时的香港并没有采取同化的文化政策,中西方文化得以相互并存、相互碰撞和相互交融,使得香港文化既有与珠三角地区文化“同声、同气、同根”的一面,又有作为西方文化最直接传入之地所带有的浓重的洋味。两者兼收并蓄,香港文化凸显出多重个性与商业化、世俗化、享乐化风格。可以说,香港的本根文化在广东,但其文化又具有开放性和国际性、传统性与现代性并存的特点,是一种很独特的混合型文化。所以说,香港文化始终是岭南文化的一个特殊部分。

除葡式建筑、葡式饮食以及占澳门总人口2%左右的中葡混血儿及土生葡人引人注目外,葡萄牙文化主要还是在澳门的上流社会中存在。澳门社会环境稳定、宽松,历史悠久,当地居民绝大多数为华人。在这种背景下形成的澳门文化与香港文化一样,甚至比香港文化保留了更多的传统广府文化,同时糅合了形形色色的西方文化,也是一种混合型文化。

2.建筑之缘:岭南建筑文化一脉相承、兼收并蓄

从事规划、设计与建筑营造的人,总是喜欢对比不同地域、不同规划思路与不同营造手法的建筑作品。当人们审视粤港澳三地的空间建筑时,颇为意外地发现:三地的空间营造,表现出较大的相似性与共通性。这是在情理之中的。这种“巧合”的相似与共通,则来源于历史、文化的同流与空间的互通。

香港建筑按历史发展可分为四个时期,即南越建筑时期、古典岭南建筑时期、英式建筑时期和现代建筑时期。澳门建筑的历史可以粗略分为明朝建筑时期、清朝前期建筑时期、清朝后期建筑时期和近代建筑时期。

香港湾仔庄士敦道的唐楼
(来源:王河《大湾区视野下岭南建筑的源与流》)

澳门郑家大屋内庭院一景
（来源：王河《大湾区视野下岭南建筑的源与流》）

13世纪之后，古典岭南建筑风格基本成形。在未开埠之前，香港属广东省新安县管辖。由于地缘关系，香港的建筑特色同岭南其他地方并无差别，都是以传统粤式庙宇、村屋为主，而这种古典岭南建筑风格在广州、佛山的岭南大城中常见，至今仍然有所保留。开埠初期，香港人口急增，建立起了唐楼——混合了粤式建筑风格与西式建筑风格的建筑。唐楼是整个岭南地区在19世纪初开始出现的建筑类型，集中出现在香港、澳门这些受西方文化影响较大的地方。

澳门华人古旧的民居住宅建筑，一般有两种形式：一为院落式建筑，砖雕大门，双重板瓦，透空屋面；二为联排式竹筒形铺屋，采用承重墙结构，青瓦屋顶，建筑呈长方形，两侧与其他住宅相连。还有一些华人在其住宅建筑上搭配不同的建筑风格。通过澳门华人古旧的民居住宅建筑，人们可窥见岭南建筑的身影。①

①王河：《大湾区视野下岭南建筑的源与流》，http://www.nanyueguyidao.cn/ViewMessage.aspx?MessageId=10442。

3.革命之缘：中国近代革命史亲历与共见

广东是中国近代民主革命的策源地和先行地，而香港与澳门则是重要的思潮发生、传播与运动阵地。纵观中国近代民主革命的伟大先行者孙中山先生的一生，粤港澳三地是其出生、求学、行医和进行革命活动的主要基地。

在粤港澳大湾区，与孙中山先生相关的全国重点文物保护单位有66处、省级文物保护单位有8处。以珠江北岸地区为例，孙中山先生曾于1886年在南华医学堂旧址学习，于1925年创办中央银行、实业救国，还曾在天字码头多次登船，其足迹遍布广州、中山、香港等地区。

粤港澳三地虽仅处中国一隅，但在抗战期间遭受的磨难、做出的贡献是独一无二的、值得铭记的。广州沦陷，霎时间火烧全城，蒸蒸日上的近代工业毁于一旦。但广州最终在废墟之上获得重生。香港失城，中国共产党掩护文化名人从虎口撤退，一路上惊心动魄，陷入黑暗的香港隐忍着，最终迎来了光明。澳门表面风平浪静，各路间谍却神出鬼没，而抗战之火手手相传。还有分布在世界各地的侨胞，为支援祖国抗战纷纷倾囊相助甚至奔赴国内战场。这些共同的革命记忆，现已成为打造粤港澳大湾区文化遗产游径的重要素材。

二、南粤古驿道领跑“文化兴湾”

与时代同频共振，过去南粤古驿道发挥了极为重要的作用，有着丰富的功能。如今，在新时期的经济社会发展格局中，南粤古驿道也找到了自己的定位，成了乡村振兴、文旅融合、文化自信、生态文明等工作的有力抓手，是广东省构建高质量发展格局的重要引擎之一，也为粤港澳大湾区建设尤其是“人文湾区”“休闲湾区”建设提供了坐标。

(一)古驿道文化之旅从物理串联走向情感共鸣

在南粤古驿道活化利用之初，香港和澳门活化历史游径的成熟经验以及与南粤古驿道之间的紧密联系，吸引了广东省政府有关部门的注意。为了避免古驿道遗存遭到破坏性挖掘与利用，“三师”专业志愿者专门到香港麦理浩径、澳门路环步行径等地研究了文化线路、历史游径的活化利用方式，充分借鉴了港澳两地的经验。目前，港澳两地文化线路、历史游径的标识系统、节点选线、管养维护、活化利用等方面的成功经验与模式已被应用到古驿道的活化利用之中。

2018年，“三师”专业志愿活动发起者与倡导者、时任广东省副省长的许瑞生在澳门世界旅游经济论坛上首次提出共建粤港澳大湾区文化遗产游径的言论，并行访澳门路环步行径，考察澳门步行径的标识系统和配套设施，以期对南粤古驿道活化利用工作有所参考、有所裨益。

随着粤港澳大湾区的文化和旅游合作日益深化，在共建粤港澳大湾区文化遗产游径的过程中，粤港澳三地的古驿道文化之旅从物理串联走向情感共鸣。

韶关乳源西京古道腊岭段
（邓雨风拍摄）

(二)古驿道成为粤港澳大湾区城市优质的历史、文化、旅游生态公共产品

2016年，广东省率先启动南粤古驿道保护与利用工作；2017年，着重打造8个古驿道示范段；2018年，重点规划11条重点线路；2019年，开展古驿道巩固提升与新增拓展工作；2020年，提出“高效能利用、高品质体验”的目标。在古驿道的选点上，粤港澳大湾区是主要的方向之一。目前，在粤港澳大湾区范围内的城市中，南粤古驿道已然成了优质的历史、文化、旅游生态公共产品。

“三师”专业志愿者、广东省自然资源厅国土空间规划处副处长陈别表示，通过持续地保护与利用，南粤古驿道已将散落在广东各地的文化自然资源聚合在一起，重新焕发出新的生机，充分发挥了在文化遗产保护、生态环境维护、促进旅游发展、协调区域平衡等方面的重要作用，已经成为了广东重要的生态历史基础设施。挖掘与活化抗战时期华南教育历史、规划与建设研学基地对弘扬爱国主义精神、推进粤港澳大湾区教育和文化认同、推动粤北山区乡村振兴具有积极意义。

(三)古驿道主动对接《粤港澳大湾区文化和旅游发展规划》

2016年3月，国家"十三五规划"明确提出"支持港澳在泛珠三角区域合作中发挥重要作用，推动粤港澳大湾区和跨省区重大合作平台建设"；同月，国务院印发《关于深化泛珠三角区域合作的指导意见》，明确要求广州、深圳携手香港、澳门，共同打造粤港澳大湾区，建设世界级城市群；2019年，中共中央、国务院印发《粤港澳大湾区发展规划纲要》；2020年，文化和旅游部、粤港澳大湾区建设领导小组办公室、广东省人民政府联合印发《粤港澳大湾区文化和旅游发展规划》。

《粤港澳大湾区文化和旅游发展规划》旨在全面、准确地贯彻"一国两制"方针，坚持贯彻新发展理念，加快构建新发展格局，支持港澳特区巩固和提升竞争优势，充分发挥广东改革开放先行先试的优势，支持港澳特区更好地融入国家发展大局，推动粤港澳大湾区文化和旅游交流合作与协调发展，繁荣发展文化事业和文化产业，建设具有国际影响力的人文湾区和休闲湾区。

2017年《广东省南粤古驿道线路保护与利用总体规划》已明确提出："至2025年底，十年成网，塑造文化品牌；至2030年，全省南粤古驿道文化线路的维护和管理规范化，保护与利用常态化和品牌化。"与港澳的联系，也是南粤古驿道保护与利用工作的方向之一，古驿道品牌赛事——南粤古驿道定向大赛、南粤古驿道文创大赛、南粤古驿道少儿绘画大赛吸引了众多港澳全年龄段爱好者、家庭的积极参赛。在古驿道活化利用工作中，粤港澳"三师"专业志愿者志同道合，汇聚各自专业经验助力古驿道重新焕发生机。

可以看出，自2016年开始，南粤古驿道保护和利用工作与粤港澳大湾区建设就已是同频共振的关系。在活化利用之初，南粤古驿道就以推动粤港澳大湾区建设、打造"人文湾区""休闲湾区"为初心之一。当前，古驿道正深度融合粤港澳大湾区文化遗产建设，主动对接《粤港澳大湾区文化和旅游发展规划》，为其落地、实施与执行提供空间载体、工作抓手。

南粤古驿道定向大赛吸引众多港澳全年龄段爱好者积极参赛
（来源：南粤古驿道定向大赛组委会）

(四)古驿道助推区域合作开拓文旅发展新领域

1.串联:粤港澳大湾区文化遗产游径成为粤港澳三地深化合作的"试验田"

2018年12月,广东省首倡粤港澳三地共建粤港澳大湾区文化遗产游径。文化遗产游径是指价值突出、保存较好、资源丰富、能有效串联历史文化遗产的游憩通道,包括沿袭历史线路的陆路和水路,以及其沿线重要的文化和自然资源景观。通过价值挖掘强化文化遗产的关联性和共有元素,可共同展示文化交融性、岭南文化特质和文化脉络。

2020—2021年,广东省相继发布首批、第二批粤港澳大湾区文化遗产游径。首批公布了五大主题游径——孙中山文化遗产游径、海上丝绸之路文化遗产游径、华侨华人文化遗产游径、古驿道文化遗产游径、海防史迹文化遗产游径共27段实体游径。第二批包含了西学东渐文化遗产游径、近代商埠开放文化遗产游径和非物质(粤剧)文化遗产游径三大主题共16条实体游径。

"一国两制"政策下,粤港澳三地社会、法律制度不同。要深化粤港澳三地互利合作,提升互联互通水平,促进生产要素流动,需要进一步加强政策协调、规则衔接和连通融通。以南粤古驿道为重要组成部分的粤港澳大湾区文化遗产游径作为粤港澳大湾区建设的组成部分,也需要打破物理空间隔离,统一建设标准、标识系统等。游径凝聚三地共识,完全可以先行先试,成为粤港澳三地深化合作的"试验田"。

2.互动:香港赛马会牵手南粤古驿道定向大赛促进粤港地区体育发展

2021年4月25日,香港赛马会·南粤古驿道推广展示活动主题展览揭幕暨保育活化交流研讨会在广州举行。展览分为"活力绽放古驿道""创新'体育+'时代""驿道历历马蹄声"三大板块,讲述了南粤古驿道定向大赛风云五载,从青涩到成熟、从传承到创新、从改革到发展,如何探索体育办赛新机制、打造体育经济新生态;亦呈现了五年来,南粤古驿道定向大赛通过挖掘、活化南粤古驿道,讲述广东好故事,将乡村振兴、全民健身、弘扬历史文化等串联在一起,形成了南粤古驿道特有的办赛模式和振兴乡村的经验。

香港赛马会积极参与南粤古驿道定向大赛
(江家敏拍摄)

“三师”专业志愿者、广东省户外运动协会会长田新德表示，展览借南粤古驿道定向大赛开赛五周年的机会，以“创新‘体育+’、湾区新活力”为主题，回顾了五年来南粤古驿道“体育+”的成果，以及香港赛马会与南粤古驿道、粤港澳大湾区相关领域的合作成果，促进“体育+”的创新模式与香港赛马会“同心同步同进、共创美好未来”理念的进一步融合与发展。

随着南粤古驿道活化的全面发展，其对区域文化、体育、旅游的孵化与推动作用日趋凸显。伴随粤港澳大湾区全面融合之态势，香港赛马会与南粤古驿道增进交流有助于形成粤港澳大湾区文化、体育、旅游大发展的新局面。

3.人物：一批批专业的港澳志愿者古道热肠助推乡村振兴

2014年，“三师”专业志愿者委员会成立；2019年，“三师”专业志愿者协会成立。“三师”专业志愿者从第一批30余人发展到如今超1000人的专业志愿团队。从开始的建筑师、规划师、工程师逐步延伸到设计师、体育家、音乐家等，拓展了专业领域之外的天地。志愿者也从广东省内拓展到粤港澳三地乃至国际。

近年来，港澳的“三师”专业志愿者积极参与到南粤古驿道的活化利用工作当中。其中，来自仝行建筑设计（广州）有限公司的“三师”专业志愿者、建筑师何守谦深度参与南粤古驿道沿线村庄的规划、优化、提升试点工作，他深有感触地说：“我觉得参与古驿道的活化利用工作很有意义，我们用专业的技能帮助了一些社区、乡村实现振兴与发展，帮助他们建设美丽社区或乡村，塑造、提升他们的文化自信。古驿道是众多历史的叠层，是历史基础设施，在活化利用的过程中，我们注重文物保护的同时也提高了自身对历史的认知。同时，古驿道为粤港澳大湾区建设提供了很好的历史文化、生态环境等十分重要的资源。对我们香港同胞来说，古驿道还是追寻先祖根源的重要线索。”

在香港，还有一批活跃的“业余”志愿者们，他们大多因南粤古驿道定向大赛而与古驿道结缘。来自香港定向总会的李文威，是香港第一批定向人，拥有40多年定向经验。他表示，自己非常喜欢参加南粤古驿道定向大赛，虽然香港也有古村落，但像南粤古村落般村域大、历史久、文化深的村落在香港还是比较少见的，而这正是吸引他的地方。参赛后，李文威向香港定向总会的会员以及身边的好友们积极推介南粤古驿道定向大赛，并邀请他们一起体验古驿道。

三、从郊野到城市——南粤古驿道在珠海的创新利用

在南粤古驿道的活化利用过程中，珠海古驿道是最早一批全省重点打造的古驿道示范段之一，也是“三师”专业志愿者最早参与活化利用的古驿道之一。在珠海古驿道的保护与利用中，有着众多的创新，其中最大的创新是从郊野到城市的衔接。

(一)揭开珠海古驿道的历史面纱

远古时代的香山，是珠江出海口伶仃洋上的岛屿，自然环境相对独立。北宋地理学家乐史所著《太平寰宇记》记载：“香山在县南，隔海三百里，地多神仙花卉，故曰香山。”文字中的县南，是指东莞县的南边，香山即指今天的五桂山及其支脉凤凰山。南宋绍兴二十二年（公元1152年），香山成为中山、珠海、澳门三地的古称。

珠海市香洲区古驿道分布图
（来源：珠海市自然资源局）

当时，澳门在政治上归香山县管辖，与香山县城的联系紧密。明万历中期，率先成陆的香山县东部开始出现途经凤凰山脚往来于香山县城与澳门的陆路，即东干道；今日所称的“岐澳古道”，即陆路南干道，清初方才成形。

一直到民国初年，岐澳古道才同沿袭清康熙年间走向的东干道，构成香山县东南诸乡同香山县城和澳门之间最主要的交通道路，岐澳古道更是使用最频繁的主干道，成为由官府主导修筑，官民共享，尤其是香山县城、香山县南部与澳门之间商业往来的官道。珠海市内的其他两条陆路古道——长南迳古道与凤凰山古道，均以南北向穿越凤凰山，继而交会于岐澳古道通往澳门，是古代珠海本地群众去往澳门谋求生计的主要通道，可以称之为岐澳古道的支线。目前，珠海市内遗存有岐澳古道、长南迳古道、凤凰山古道、金星门水道、东澳海关古道、黄杨山古道等。

(二)将珠海古驿道的活化利用融入城市规划

1.从价值发现、价值重塑到文化复兴、传承

南粤古驿道的活化利用是一个从价值发现、价值重塑到文化复兴、传承的过程。目前，按照广东省政府的工作部署，珠海把市内的古驿道主题明确定位为“香山古驿道群英故里文化遗产线路”。

回首中国现代国家概念的形成过程，岐澳古道是凝聚国家记忆的重要情感空间，留存的群英故里遗址，像一粒粒珍珠串联成了一条具有国家记忆意义的遗产项链。这是一条改变近代中国命运的英才汇聚的古道，是政治、科技、教育和经济等领域的先驱走出去寻找大千世界的必经之路。澳门成为岐澳古道的出海口，中西方文化交融的摇篮，众多仁人志士孕育革命并且改变中国命运的人生起航的港口。

“南粤古驿道文化之旅中，最具有中国现代国家记忆、历史意义的，非岐澳古道群英故里遗产线路莫属。”时任广东省副省长的许瑞生满怀深情地说。

2.围绕保护与利用效果、使用效率两个维度开展挖掘和保护工作

丰富的历史遗存以及极具国家记忆的珠海古驿道该如何进行活化利用?对此，珠海市交通运输局党组书记、局长王朝晖介绍，珠海市委、市政府积极整合多领域资源，调动多方力量，努力推动示范段建设，制定了“一个领导小组、两个指导小组、一套督办机制”的工作体系和工作制度，为珠海古驿道保护与利用扫除障碍。

同时，围绕保护与利用效果、使用效率这两个维度，珠海市进行了考古式挖掘清理，恢复古驿道原真形态，做到对自然进行更少的干预，重视生态保护。为了展现历史，珠海市深入挖掘古驿道沿线文化遗产的内涵，并通过标识系统、景观小品等

珠海古驿道修复与保护成效
（来源：珠海市自然资源局）

形式加以展示。此外，珠海还通过完善相关基础设施，提高易达性；举办相关赛事活动以推动沿线乡村振兴。

王朝晖表示，珠海古驿道的活化利用在文化复兴与传承、城市空间打造、生态保护等方面已产生了持续且深刻的影响。“在这个过程中，我们不断延伸它的内涵与价值，依托古驿道、利用绿道、衔接步道、串联节点和各种文化资源，以提升公共空间文化和品质内涵为目标，将古驿道打造成充分融入城市空间体系的文化遗产。”

3.串珠成链，打造城市休闲廊道系统

珠海的水路、陆路古驿道连通海上丝绸之路，是古代南粤地区出海的主要通道，是香港开埠前东西方文化、商贸交流的路径。从2016年开始，珠海开始普查并梳理出古驿道4条，共计64.5公里，完成了6公里精华段古驿道的原真性修复。

据介绍，珠海打造“香山古驿道群英故里文化遗产线路”，串联了名人故居、历史遗存、传统村落、历史文化街区，挖掘了珠海古驿道沿线的名人事迹、历史典籍、古老传说，促进了周边村庄的环境整治、村史馆建设、旅游民宿发展。

⑴系统谋划，构建城市慢行空间体系。

在活化利用工作开展之初，珠海将古驿道纳入城市慢行空间体系进行统筹考虑，促进历史文化传承渗透进市民的日常生活，加强“山—海—城”之间的景观联结。目前，香洲区的古驿道与“两横两纵四节点”休闲步道系统串联，打造香洲区慢行空间体系；东澳岛串联古驿道与特色栈道，形成揽海观山、充满万山海岛风情的浪漫慢行网络体系；斗门区以古驿道为基础，串联城市绿道、碧道等，打造以红色革命、水乡风情、黄杨览胜等为主题的慢行网络体系。

⑵拓展延伸，串联周边各类文化资源。

珠海充分利用古驿道毗邻城区的优势，依托古驿道、利用绿道、衔接步道、串联节点，以提升公共空间文化和品质内涵为目标，将古驿道打造成充分融入城市空间体系的文化遗产线路。据大数据统计，2019年春节期间，岐澳古道、长南迳古道累计接待游客超10万人次，古驿道已成为珠海市民和游客体验文化、休闲健身、亲近自然必去的网红景点。

(三)南粤古驿道助力珠海争创历史文化名城

2016年12月，中国共产党珠海市第八次代表大会报告提出要建设历史文化名城。2018年，珠海启动了国家历史文化名城建设和申报工作。2019年6月，珠海市宣传、自然资源、文化、住建等部门着手开展以文化遗产保护与利用为核心的规划修编、文史研究、文物保护、宣传推广等一系列文化建设综合性工作，制定了《珠海历史文化名城保护规划》，修缮了一批历史建筑，其中以珠海香山古驿道群英故里文化遗产线路活化利用为代表的一批项目取得了良好的社会效应。历史文化街区的保护与提升也在加速规划中。

“三师”专业志愿者、广东省文物考古研究院院长曹劲认为：“当前开展的粤港澳大湾区文化遗产相关工作，可以说是南粤古驿道的升级版，尤其是从乡村到城市延伸的升级版，我们要将粤港澳大湾区的历史遗迹和文化遗产通过各种方式串联起来。不是借助像古驿道这样的实体，而是通过信息的传达，建立时空呼应的廊道。文化遗产的演进和建设，将有助于历史文化名城的申报和研究工作。”

(四)珠海、澳门联袂点亮古道生机

从香山建县开始，古驿道就是连通珠海、中山、澳门三地的交通要道；澳门开埠后，古驿道更是成为香山乃至整个内陆通达世界的走廊。已被列入世界文化遗产名录的澳门历史城区，是东西方建筑艺术的集中体现，也是多元文化和谐共存的结晶。同时，澳门作为近代西方思想文化进入中国的桥头堡，孕育了一大批以孙中山先生为代表的近代杰出人物。

2018年，广东省率先倡导“粤港澳大湾区文化遗产游径”规划，提出要发挥出粤港澳三地地域相近、文脉相亲、血脉相融的优势，加强对珠海、澳门历史文化遗产的梳理，以香山古驿道为纽带，联合打造以大香山地区共同文化记忆为主题的游径。2019年，珠海市政府工作报告提出，要联合澳门共建中国设计博物馆，推动香山古驿道与澳门历史街区步行系统的对接等。

在活化利用香山古驿道与粤港澳大湾区文化遗产游径的背景下，珠海、澳门联袂点亮古道生机。在活化利用香山古驿道方面，珠海市创新公众参与的手段和方式，邀请粤澳两地的“三师”专业志愿者、当地村民、资深驴友、历史文化爱好者等人参与实地调研，共同选线、挖掘香山古驿道文化内涵；组织开展香山古驿道沿线历史文化活动和群体活动，吸引珠海、中山和澳门三地的群众参与。

在2018年中国南粤古驿道第二届文化创意大赛中，组委会还特别邀请到包括21所高校，共带来44件作品参赛，部分南粤古驿道文化创意大赛作品成功挺进广东国际旅游产业博览会和中国设计大展，持续扩大影响力。由澳门科技大学梁欣彤创作的《澳门鱼蛋仔形象文创》获特邀作品展三等奖。

粤港澳“三师”专业志愿者调研珠海香山古道（凤凰山段）（彭剑波拍摄）

2018年9月27日，“桂峰寻古道，丝路忆群英”粤澳青年重走岐澳古道寻根之旅启动，300多名粤澳青年代表共同参加了本次寻根之旅。活动现场，由“三师”专业志愿者组成的南粤古驿道技术指导组积极参与到岐澳古道的推介当中，主动向活动嘉宾和粤澳青年代表介绍岐澳古道的保护和修复利用工作。在岐澳古道南入口，“三师”专业志愿者、“三师”专业志愿者委员会主任曾宪川担任起讲解员，向活动嘉宾及粤澳青年代表介绍极具特色的南粤古驿道标识系统。行走在古道上，指导组不时驻足与沿途游客交流，听取他们对岐澳古道的建议，了解他们对岐澳古道的感受，并希望他们多组织亲人、朋友前来徒步体验。在云迳寺遗址处，几名澳门大学的研究生感叹“这里真是天然氧吧”，并向指导组询问有关岐澳古道的历史文化。指导组耐心讲解并鼓励同学们回去多向老师和同学宣传、推介这个好地方。活动中，指导组还与澳门万国控股集团、澳门中联办文化教育部就“驿道+旅游”“驿道+体育”“驿道+文创”等发展模式与粤港澳大湾区的融合交换了意见。

如今的岐澳古道，已然成为港珠澳三地居民进行文化体验、追寻根脉、加深共同认识的优质文旅公共产品。由三地参与活化利用的古驿道，其成果也将由三地共享。

粤澳青年代表参加“桂峰寻古道，丝路忆群英”粤澳青年重走岐澳古道寻根之旅（黄睿民拍摄）

第八章

生态修复　“两山”转化

撰稿人：洪惠　受访人：吴永彬

受访人简介

吴永彬

“三师”专业志愿者，华南农业大学南粤古驿道植物资源研究中心负责人，主要从事植物学和生态学方面的教学与科研。曾主持完成各类科研课题40多项，在国内外刊物发表科研论文50余篇，主编专著《广州湿地公园常见植物》，参编教材《园林树木学（华南本）》。

党的十八大以来，习近平总书记从生态文明建设的整体视野提出“山水林田湖草沙是生命共同体”的论断，强调“统筹山水林田湖草沙系统治理”。习近平总书记在2013年第22期《求是》杂志发表的《关于<中共中央关于全面深化改革若干重大问题的决定>的说明》文章中深刻指出，人的命脉在田，田的命脉在水，水的命脉在山，山的命脉在土，土的命脉在树，传达出由山川、林草、湖沼等组成的自然生态系统存在着无数相互依存、紧密联系的有机链条，牵一发而动全身的科学理念。

在现代社会发展的进程中，人们也越来越清晰地认识到，经济社会的快速发展决不能以破坏环境、浪费资源为代价，如何兼顾经济发展与环境保护成了社会治理的重要议题。早在2005年，习近平总书记提出“绿水青山就是金山银山”的科学论断，科学阐述了经济发展与环境保护的“舟水关系”，指出了一条兼顾经济与生态、开发与保护的发展新路径。他表示,绿水青山就是金山银山，我们过去讲，既要绿水青山，又要金山银山。其实绿水青山就是金山银山。他还在2014年北京考察工作时的讲话中强调，环境治理是一个系统工程，必须作为重大民生实事紧紧抓在手上，把生态问题上升到重大政治问题和社会问题，向世界传达中国绿色发展的理念。

如今，生态修复已上升为国策，全国各地积极开展生态保护和修复工作，推进生态修复产业发展，并以此为切入点探索建立以产业生态化和生态产业化为主体的生态经济体系。目前，国内已形成不少相关实践研究成果。

近年来，南粤古驿道保护与利用工作以生态修复为重要工作内容，以生态修复、景观提升和自然科普教育为切入点，不断创新方式方法，探索生态修复与景观提升新路径，切实改善农村人居环境和生态环境，已成为生态文明建设的典范。“三师”专业志愿者们在南粤古驿道生态修复上摸索出的成功经验，可为国内生态文明建设提供借鉴和参考。

一、南粤古驿道生态修复工作概述

（一）南粤古驿道沿线生态基底现状

南粤古驿道是历史上遗留下来的古道，距今已有两千多年的历史，其分布在广东省各地，所属类型、所处区域的自然环境丰富多样：有的沿河蜿蜒，有的翻山越

香山古道（珠海段）周边水环境
（来源：广东省城乡规划设计研究院有限责任公司大数据中心）

岭，有的穿越农田与果园…… 不同的道路沿线有着不一样的生态风貌，也存在不同类型的生态环境问题：有些古驿道周边的水系底栖生物缺失，有些古驿道所在的山林林相不佳，还有些古驿道周边生物多样性下降。这些都是开展古驿道生态保护和修复所面临的复杂状况。如香山古道（珠海段）周边的水环境，经调查发现，沿古道流淌的溪水和穿古道而过的小河都存在缺乏底栖生物（如螺类）和游泳生物（如鱼类）的问题。

虽然南粤古驿道活化利用工作从一开始便注重尊重自然和生态保护，古驿道线路周边的生态环境整体也保持着较好状态，但对古道进行修复或修建的过程，仍不可避免地会对古道周边环境产生一定影响，尤其是个别镇（村）在看到古驿道旅游发展契机后自发启动的"配套"建设行为，使古驿道腹地局部地区亮起了红灯，多亏"三师"技术指导组每月一次的现场调研、多番沟通、向上反映、教育整改，才防止了事态扩大。总的来看，南粤古驿道生态环境面临的问题主要包含三种情况：一是古道本身就存在的植被破碎化、季节性水土流失、石漠化、生物多样性不足等生态问题，二是在古道修复和建设的过程中所产生的暂时性生态失衡，三是极个别镇（村）和个人因利益做出短视行为而导致生态环境局部受到威胁。

对南粤古驿道沿线生态基底现状以及造成南粤古驿道生态失衡的原因有了一定了解后，就可以进一步思考保护和修复的问题。古驿道是历史人文和自然生态复合的线性空间，这就要求在古驿道上开展生态修复工作要注重历史人文要素的保护和协调，避免使用过度复杂的工程性修复措施。此外，鉴于南粤古驿道类型多样、分布广泛，应该针对不同类型和区域的古驿道实施不同的生态修复措施。生态保护和修复工作可以使古驿道本身所处的自然环境得到一定程度的恢复，但是有些时候无法从根本上实现生态系统的恢复。因此，在进行古驿道生态环境保护和修复时，还需要采取更加科学化和多元化的手段，从生态系统整体的视角来开展相关工作。

(二)南粤古驿道生态修复工作整体回顾

2016年,广东省启动南粤古驿道保护与利用工作,致力于激活古道,将其打造为“开放式的、永不落幕的自然历史博物馆”,赋予其新的时代使命和价值。南粤古驿道沿线的“生态修复和提升”便是古驿道活化利用的重要一环。

五年多以来,“三师”专业志愿者团队一直活跃在南粤古驿道生态修复工作第一线,在自然资源、住建、体育、文旅、教育等各级相关部门的指导下,他们走访省内各条古驿道,积极开展生态修复,构建通畅、连续的生态廊道,注重对沿线地质安全隐患点的排查与治理,改善了沿线村庄人居环境,并在“不征地拆迁、不改变原有土地使用性质、不新增建设用地”的前提下,为满足人民群众对美好生活的向往提供了“好去处”。在整合和优化沿线山水、林田、湖草资源,进行人居生态环境综合整治方面,“三师”专业志愿者团队都取得了令人瞩目的成果,积累了丰富的理论和实践经验。

截至2020年底,共完成古驿道沿线160多个生物栖息地打造;在粤北地区构建了宽度30~100米、长度500多公里的古驿道生态廊道;完成了43处地质灾害隐患点治理;完成了1500多公里古驿道排水设施修复;完成了覆盖18个地级市、31个县(市、区)、67个乡镇的18条总长1200多公里南粤古驿道重点线路修复;对古驿道沿线600多个古树群、56000多棵古树古木进行了修复与保护。

此外,广东省还通过举办南粤古驿道生态修复大赛,面向全国生态修复相关领域的专业机构和高校征集生态修复设计方案,为后续南粤古驿道生态修复提供解决方案及修复指南。大赛共收集到30个专业设计方案,并对沿线20多处地质灾害完成治理。与此同时,以“三师”专业志愿者为主体的多个研究中心也如雨后春笋般涌现,集聚多方专业力量,持续对古驿道沿线动植物更替、生物多样性不足、石灰岩石漠化等困难地植被恢复领域进行学术上的探索。

二、栉风沐雨,坚守生态保护与修复第一线

(一)理论为基,严格遵循生态修复原则

想要达到生态修复的预期效果,如何在生态可持续性、可观赏性、服务功能等方面持续提升,是南粤古驿道活化利用的重要课题。

所谓生态修复,是指对生态系统停止人为干扰,以减轻其压力,依靠生态系统的自我调节能力与自我组织能力使其向有序的方向演化,或者利用生态系统的自我恢复能力,辅以人工措施,使遭到破坏的生态系统逐步恢复或使生态系统向良性循环方向发展。为保持生态可持续性,开展生态修复工作须遵循自然法则、社会经济技术原则和美学原则这三大原则。

1.自然法则

自然法则是生态修复的基本原则,南粤古驿道沿线生态修复必须遵循顶级群落的演替规律。

进行南粤古驿道生态修复，首先要对受损区域进行分类。由于粤东西北中的气温、降雨量、土壤等环境条件不同，各个区域植被类型的差异很大，开展生态修复时也就需采取不同的思路。此外，还需对古驿道沿线生态环境受损程度进行等级划分，对破损严重的路段，要优先开展修复与提升；对不甚严重或者不适宜人为过度干扰的路段，则可以采取半封闭或全封闭的自然恢复措施，并在适当区域向游客警示告知。

古驿道绿化有别于城市绿化，其水、土、肥等条件一般都比较差，因此不能照搬城市绿化的做法。古驿道生态修复中强调并落实“适地适树”原则，对于土壤流失严重的地段，选择深根性或根系发达的灌木或乔木树种；在土层较厚的缓坡地段，则适当增加绿化量，以乔木树种为骨架，配以灌木、藤本及草本等地被植物，构建复层混交、相对稳定的人工植物群落景观，并坚持“自然恢复为主，人工修复为辅”的理念，因地制宜地对古驿道各条线路进行生态保护与修复。

2.社会经济技术原则

社会经济技术原则是后盾和支柱，在一定程度上制约着生态修复的可能性、水平和深度。

生态修复是一个复杂的系统工程，由于生态系统的复杂性和某些环境要素的突变性，加之人们对生态过程及其内在运行机制认识的局限性，人们不可能对生态修复的后果、生态演替的方向进行完全准确的估计和把握。从某种意义上讲，生态修复具有一定的风险性，生态修复需要大量人力、物力、财力的投入。同时，在生态修复的过程中，实施的技术措施在实践操作中应具有可行性，并能保障人民群众的生产和生活，满足当地人民群众的基本诉求。

南雄市人民政府配合山水林田湖草生态修复应用工程，组织相关领域专家多次实地踏勘，进行充分调查研究后，将梅关古驿道周边生态保护与修复纳入韶关市山水林田湖草生态保护修复工程首批项目，涉及资金达11885.17万元，保障资金较为充裕。广东乳源西京古道国家石漠公园建设进入筹备阶段，其是拟建的南岭国家公园外围岩溶高原脆弱自然生态系统的重要保护举措，可以有效促进北江上游水源涵养与水土保持以及南岭生物多样性保护，也能为周边村落带来一定的社会经济效益，受到了当地村民的大力支持。这些为改善古道沿线周边环境所做的举措皆有力推动了南粤古驿道生态文明建设的进程。

3.美学原则

美学原则一方面，要求生态修复要能够提供更美的视觉效果，给人们以美的享受；另一方面，要求生态修复能够提供和谐共生的空间异质性生态系统。

开展南粤古驿道生态保护与修复，要深刻理解“南粤古驿道生态修复需要种树，但不仅仅只是种树”这句话。在现代的语境下，“修复”已被用作一个概括性的术语，包括重建、改建、改造、再植等含义，一般泛指改良和重建退化的生态系统，使其重新有益于利用，并恢复其生物学潜力。“生态修复”的含义也远远超出以稳定水土流失地域为目的种树，不仅仅是种植多样的当地植物，而是试图重新创造、引导或加速自然演化过程。

一直深入参与南粤古驿道活化利用工作的“三师”专业志愿者一开始就意识到，南粤古驿道不仅仅是一条路，它也是历史人文和自然生态复合的线性空间，是广东历史发展的重要缩影和文化脉络的延续。因此，南粤古驿道生态修复规划设计在遵循自然规律、突出生态修复理念、注重生态系统基线调查、注重消除安全隐患和提升生态环境质量的同时，也十分注重历史人文要素的保护和协调，避免过度使用复杂的工程性修复措施，以保持古道整体的协调性和周边自然环境的独特美感。

（二）实践为本，扎实推进古驿道生态修复

生态文明建设任重道远，绝不是一蹴而就的事情。实践出真知，全面、翔实的前期调查和丰富的实践经验是开展南粤古驿道生态修复的基础。“在实践中摸索”是南粤古驿道开展保护与利用工作最大的特点，其没有沿用“研究—规划—实践”的形式，而是边工作边摸索，在积累了一定的经验后，再夯实理论基础，进一步指导活化实践。

广东省自然资源厅高度重视南粤古驿道保护与利用工作的进展，多次带领相关领域专家和“三师”专业志愿者前往重要线路进行调研指导。2019年12月1日，李永洁一行对西京古道保护、利用和生态修复工作开展调研督导。实地踏勘后，作为调研指导组组长的李永洁对韶关市南粤古驿道建设与修复工作开展情况和取得的成效表示肯定，并从科学谋篇布局、强化后续管护、助力乡村振兴三个方面对古道生态文明建设和生态修复工作提出了进一步的要求，为西京古道今后的生态文明建设指明了方向。

在广东省自然资源厅的指导下，“三师”专业志愿者总结多年的实践经验，在南粤古驿道生态修复领域取得了一系列理论成果。华南农业大学南粤古驿道植物资源研究中心团队于《林业与环境科学》（2021年2月第37卷第1期）发表的《广东乳源西京古道植物资源调查及应用》，详细地介绍了西京古道的地质地貌情况，并通过对西京古道植物资源的全面调查，对西京古道植物群落景观进行全面分析，提出基于石漠化背景下的古驿道植物景观营造方法及生态修复对策，是南粤古驿道生态修复“实践—理论—实践”模式的生动体现。

李永洁一行实地指导乳源开展西京古道活化推广和沿线生态修复工作
（来源：南粤古驿道网）

继续探究下去可以发现，此篇文章的通讯作者吴永彬教授早在加入“三师”志愿者协会之前就积累了十分丰富的实践经验：“我是2018年正式加入南粤古驿道活化利用工作的，但细说起来，已经跟古驿道结缘很久了。”自2008年起，华南农业大学吴永彬团队在清远市广东省白湾省级自然保护区成功开展石灰岩山区造林试验。石灰岩保水保肥能力差，有机质含量低，具有高钙、干旱缺水的特点，是土壤石漠化的高发地区，生态修复难度大。吴永彬团队经过十几年的努力，终于在那里建成了成片的森林。他说道：“以西京古道为代表的粤北地区古道也有不少路段处于石灰岩地区，跟我们原先所做的试验情况相似，所以我们前期积累的经验就可以用在南粤古驿道生态修复工作上，我对西京古道等地区的生态修复工作很有信心。”如今，在“三师”专业志愿者、华南农业大学吴永彬教授的带领下，其团队成员多次赴西京古道猴子岭段开展实地调研，经过一系列分析研究，最终从防治水土流失、增加土壤肥力、适地适树等多个方面入手，有序开展西京古道猴子岭段的生态修复工作，现已初见成效。

西京古道石漠化类型

西京古道各段名称	石漠化类型
猴子岭	中度石漠化
五里桥	中度石漠化
通天箩	前半段轻度石漠化 后半段无明显石漠化
梯云岭	前半段无明显石漠化 后半段潜在石漠化
腊岭段	大部分无明显石漠化 小部分潜在石漠化

西凉古道石漠化类型
（孙芝倩绘制）

无独有偶，“三师”专业志愿者团队中的其他成员也都是在自己的专业领域深耕多年、颇有成就的专家，正是在这样的背景下，南粤古驿道生态修复工作才得以全面、顺利展开。

（三）应用为先，精准对接地方发展需求

生态文明建设既是对自然的保护，又与人们的生活息息相关。南粤古驿道沿线5公里范围内的贫困村约占广东省定贫困村的60%，开展南粤古驿道保护与利用工作是广东省委、省政府实施乡村振兴战略的重要举措，以助力乡村振兴、促进农民增收为根本出发点，以提供优质公共生态产品为重要目的，南粤古驿道生态保护和修复的立足点也在于带动沿线村庄的经济发展。

想要实现生态效益、经济效益的最大化，做好树种规划是不可忽视的工作。树种选择，特别是木本植物的选择，从小处看，关系到一条道、一个区域的绿化美化；从长远看，它关乎一个地区的生态安全。利用好南粤古驿道各条线路，把适生的珍贵用材树种规划到古驿道的生态修复和景观提升中去，既达到绿化美化的目的，又可为广东省珍贵用材林储备开拓新的造林空间。

对粤赣古道连平段关爷埂古道上的桃金娘进行培植，就是做好树种规划、发挥植物多样价值的一个有益尝试。关爷埂古驿道沿线山体以红壤为主，整体偏酸性，保水保肥能力差，有机质含量低，不利于大部分植物的生长。而桃金娘对生长条件要求不严，能在贫瘠、干旱的酸性土壤中生长，是生态恢复的良好树种。此外，桃金娘株形紧凑，四季常青，花先红后白，一株之间红、白花交相辉映，十分艳丽，花期也较长，果色由绿色转为红色，成熟后为绛紫色，是花果俱佳的乡土灌木，可用于园林绿化；其果富含维生素等营养，不仅适宜作为水果，也是优质的果酒资源，由于其具有独特的营养成分和药用成分，适合男女老青饮用；其根含酚类、鞣质等，有治慢性痢疾、风湿、肝炎及降血脂等功效……在“三师”专业志愿者的建议下，关爷埂古道山腰处种植了大量桃金娘，据专家介绍，桃金娘生长较快，成林时间短，成活率高，古道上栽培的桃金娘生长3~5年后即可发挥生态效益，发挥绿化山坡、美化环境的价值，促进当地村民增收致富。

古驿道沿线还有十分丰富的植物资源，如西京古道乳源段沿线的药用植物就

有217种，这些药用植物很多具有少数民族特色，有很强的实用性且容易采摘，是当地有着悠久历史、丰富药用价值、独特民族风格的资源。潇贺古道沿线的广宁油茶是观赏价值和经济价值俱佳的树种，且适应性强，其他水果类树种如枇杷、杧果、杨梅、柿、龙眼等也可作为生态修复的备选树种，在适宜的古驿道线路加以推广利用。

南粤古驿道生态修复工作对沿线村民生活带来的影响体现在多个方面。植被的种植和自然环境的恢复十分有效地改善了沿线村庄的人居环境，古驿道沿线兴起的生态旅游及绿色农业等产业也为古驿道沿线村庄的发展注入了新的活力。比如，位于阳关古道沿线的大莨镇松林村依托南粤古驿道定向大赛打开了知名度，如今已成为宜居宜业的乡村，村内环境整洁、全民健身场所及器材健全，还开发了无花果种植基地、钓鱼场等，并承接生态旅游等项目。其中，无花果种植基地年产值达八百万元，雇佣该村村民45名。松林村村委会通过互助金入股、参与固定分红等方式，实实在在富了起来。

此外，围绕南粤古驿道生态修复开展的诸多工作在加强村民精神建设方面也起着积极的作用。前文提到，当尝到古驿道旅游资源开发的甜头后，极个别镇（村）和个人因利益做出短视行为而导致局部地区生态环境受到威胁，这与当地村民环境保护意识薄弱不无关系。据吴永彬介绍，他早期在古道进行调研时，曾不止一次地发现当地村民破坏古道沿线植被的情况，村民们不了解这些植物的价值，常误将灌木砍伐用作干柴。在生态十分脆弱的石灰岩地区，这些灌木草丛在保持水土流失、水分涵养方面起着尤为重要的作用。“三师”研究团队在调研香山古道（珠海段）周边水系环境时也发现，古道周边的一些人类活动对水质造成了一定的污染，如农田、果园内的化肥和农药污染了水质，对水生生物的生存产生了不良影响，不利于周边生态系统的完整。如今，随着南粤古驿道生态修复工作的持续开展，生态效益和经济效益逐渐凸显，当地村民的生活发生了实实在在的改变，村民也就从最初的不理解、不配合到愿意主动参与到这项工作中来，已然成为古道保护的主体之一。

三、提升景观，探索“两山”转化新路径

南粤古驿道生态修复有着保护、修复和景观提升两个层面的要求。这两个层面可以看作同一个问题的两个方面，它们相辅相成，存在着一定的逻辑关联性。对于南粤古驿道生态文明建设来说，保护、修复是首要的，也是基础性的；景观提升是在保护、修复基础上的更高层次的要求。

景观提升是开展古驿道生态修复的重要内容之一，其意义主要体现在提升驿道景观品质、加强城乡互动、促进“两山”转化和助力乡村振兴四个方面。

（一）以道为媒，搭建城乡互动新平台

古驿道不仅象征着南粤的一段历史文明，更为奔波在城市中的人们提供了一个亲近自然、体验人文魅力的空间。在古驿道上开展景观提升工程可以引导人们走进大自然、参观乡村的自然景观、了解当地的历史文化资源等，搭建城乡互动的新平台。

秦汉古道水口段植物资源丰富，特色植物多，所在地水口村位于清远市阳山县阳城镇，距离广州市仅3小时车程，村子依山傍水，人杰地灵，村民热情好客，村内有小型企业，农产品种类丰富，并且有古驿道千年长存，沿线还拥有大量可利用的自然资源，在发展旅游业上有着得天独厚的优势。

如何利用好当地资源，做好景观提升工作，吸引更多的游客来此游玩、驻足是值得思考的问题，华南农业大学南粤古驿道植物资源研究中心在其中发挥了重要作用。

在前期的调研中，团队发现当地生长的野菊花的观赏价值比较高，秋冬之际，黄花盛开，蔚为壮观。考虑到民间素有秋天赏菊、品菊的习俗，若适当以苗圃培育扩繁，育成一定规模数量后回归古道定植，在提升古道景观上将有见效快、适应性好的优点。因此，团队最终决定选取野菊花种植作为秦汉古道水口段景观提升的重要手段。

2018年，团队以“南粤古驿道沿线野菊植物资源的调查及引种研究”为选题，通过资源调查、培育扩繁、回归增植，围绕野菊花做了大量试验，取得了丰厚的研究成果。最终采取保护水源、改善土壤质量、均衡种植乔灌草等措施，大大改善了野菊花的生长环境，提升了秦汉古道的景观多样性。

秦汉古道水口段的野菊
（吴永彬拍摄）

改造前（左）和改造后（右）的古井
（广东省“三师”专业志愿者协会拍摄）

（二）凝心聚力，提升驿道景观风貌品质

想要达到景观提升的预期效果，在做古驿道生态修复和景观提升的过程中，一定要具有精雕细琢的匠人精神，要有绣花般的细心和耐心去对待每一段古道、每一个景观节点，从“小”处开始，才能有长久之“大”。

自2016年始，珠海市以长南迳古道为切入点，开展香山古驿道的保护与利用工作，其在进行生态修复的过程中也留下了不少以“小”筑“大”的痕迹，见证了南粤古驿道活化利用工作的不断深入。

在长南迳古道上，为世代路人提供解渴之便的“曲水流泉”周边杂草丛生，已不复往日之姿。在“三师”专业志愿者、广州土人景观顾问有限公司总经理兼首席设计师庞伟的带领下，志愿者们取材于自然，用于自然，与当地工匠、大学生一同对景观进行优化和提升。志愿者们对泉水周边环境进行整治，拆除原有的水泥台阶，使游客能更从容地亲水玩乐，并利用碎石粒对水池底部的施工痕迹美化、遮挡。庞伟表示，石粒的铺垫会对泥沙进行过滤，使泉水更为清澈，同时，古驿道景观的营造尽量减少了工业材料的外露，保持了原生态的观感。整治后的“曲水流泉”巧妙地将古道溪水与石步道融合成一体，山路幽寂、泉水凛冽，重现了古道的昔日优美身姿。

2018年，作为广东省自然资源厅13条南粤古驿道保护和修复利用重点线路之一的长南迳古道于国庆期间正式对外开放，成了市民感受历史、户外徒步、自然科普、亲子游玩的首选地。纷至沓来的游客给古道带来了活力，也为古道的生态保护带来了新的难题。

生长于驿道山涧，轻盈灵动、随风而舞的灯芯草丛——“烟波潮涌”是游客十分青睐的景观之一。长南迳古道刚开放时，虽在景观外设立了一些隔断装置，但仍有不少旅客翻越障碍，致使草丛的原有形态被大面积破坏。为了对该景观进行最大程度的保护，志愿者计划在草丛中修建一条观景栈道。参与规划的“三师”专业志愿者、全国工程勘察设计大师陈雄表示，要对栈道的路径进行规划，使其充分发挥造景功能，让人们在栈道上可观察到灯芯草丛的不同形态特点。“三师”专业志愿者、广东省建筑设计研究院有限公司党委书记、董事长曾宪川则立足于美观度、实用性及当地文化特点对方案进行优化，强调栈道的修建要力求自然、质朴，不要有太重的人工痕迹，同时在不影响、不破坏草丛形态下尽可能地创造条件，让游客得以和草丛亲密接触，将其打造为可观、可感、可触摸的“亲草平台”。此外，栈道的修建在减少对环境影响的同时一定要将使用者融入自然的需求放在重要位置。

生态文明建设是社会每个成员共同参与、共同建设、共同享有的事业，自觉行动的每个人都是生态环境的保护者、建设者、受益者。长南迳古道借助专业力量，结合植树造林、森林管养等方式，引入开花乔木、灌木及多年生草本植物，增强了古驿道沿线植被的观赏性，打造出了层次丰富和季相变化的驿道美景。与此同时，珠海市有关部门也不断加大长南迳古驿道沿线自然生态保护力度，加强对市民宣传教育工作，杜绝破坏、挖掘野生植被等影响生态环境的行为发生，并增加相应的生态保护设施，号召全体市民成为生态文明建设的参与者。

如今，在多方力量的共同努力下，长南迳古道景观节点越来越丰富，景观风貌质量也得到了较大的提升，几十公里的南粤古驿道与逾千里的绿道相结合后，更是组成了一条独具人文气息的绿色生态廊道，成了每个市民都可分享的“生态福利”。长南迳古道串联起了珠海的城市空间，已然成为珠海城市文化的新名片。

(三)创新先行，开拓生态修复新视野

生态环境的差异性让古驿道沿线的动物资源各具特色，为古驿道活化利用带来新的生命价值。丛林、果园、田野与湿地等自然生境为动物提供了栖息活动的场所，人与自然是生命共同体，在古驿道活化利用中，除了对古驿道本体的修复、沿线历史资源的活化，沿线生态修复、动物资源保护也同样重要。

鉴于此，在广东省自然资源厅指导下，结合广东省国土空间规划生态廊道的专题研究，广东省城乡规划设计研究院有限责任公司大数据中心联合广东省科学院动物研究所组成联合研究团队，挖掘古驿道重点线路周边的动物资源，通过动物资源调查及生境模型构建，让“动物走进古驿道空间数据库”，取得了十分显著的成效，为南粤古驿道生态文明建设提供了不一样的视角。

大数据分析是指对规模巨大的数据进行分析。因大数据要求的数据体量庞大，强调“样本即总体”，这样就跳出了以往只能通过部分抽样来“窥一斑而知全豹”的桎梏，直接站在更为宏观、系统、全局的角度来看待整体、研究部分、掌握细节。同时，由于数据扩展到“海量级”，那些看似与生态修复不直接相关的数据，也正在从多维层面影响着各地生态修复研究和相关项目的进展，为科学规划生态修复提供必要佐证。

“三师”研究团队还将大数据应用在了南粤古驿道调研工作中。他们基于野生动物资源调查大数据和环境大数据，通过建立科学的物种分布模型，建立了古驿道沿线动物资源空间数据库。研究团队深入分析了全省古驿道重点线路周边动物资源的种类、数量和空间分布规律，并选取广韶古道(从化段)、香山古道(珠海段)等具有代表性的重点线路，开展扎实、系统的实地调研，深挖其动物资源分布特征和生态环境质量有关的数据，为大家展现古驿道沿线的自然生命之美，从促进人与自然和谐共生的角度提出古驿道活化利用的策略方案，为将古驿道打造成开放式的自然历史博物馆提供参考。

在先进技术手段的支撑下，广韶古道（从化段）等线路正有序开展古驿道观鸟、引鸟及物种科普设施的品质提升及完善工作。研究团队计划通过在鸟类活动热点区适量增加引鸟植物等措施吸引更多不同鸟类栖息活动，不断提升古驿道周边生态环境，通过设置观鸟廊、观鸟台，树立物种科普牌等措施，打造人与自然交流互动的空间，提升人们的动物保护意识。这也正是南粤古驿道助推广东省开展生态修复和生物多样性保护工作的生动写照。

四、自然为师，南粤工匠讲好驿道故事

（一）走进自然，树立民众生态保护意识

自然教育是在大自然条件下，人们自发形成与自然的联结而产生的自主性热爱自然、保护生态的一种环境教育。在南粤古驿道上开展自然教育，是落实广东省领导“把南粤古驿道打造成开放式的、体验式的、永不落幕的自然历史博物馆”这一自然教育理念的具体体现。

2019年，华南农业大学响应广东省政府号召成立华南农业大学南粤古驿道研究中心（实践基地），并设立了南粤古驿道植物资源研究中心。自成立以来，研究中心充分发挥高校的科研优势、专业优势，以教书育人、传播知识为己任，利用寒暑假的时间，组织师生分别赴广东省河源市连平县绣缎镇关爷埂古道、东源县双江镇“寨子—樟下段”古驿道和清远市阳山县水口秦汉古驿道等重要线路开展大学生“三下乡”社会实践活动。南粤古驿道实践场是天然的户外教学课堂，为学生们提供了亲近自然的机会，也强化了他们的专业实践能力。

在项目实施过程中，除了高校内部自身的志愿者资源，“三师”专业志愿者吴永彬教授作为带队专家期望进一步调动当地中学生加入古驿道生态修复的工作中来，引导、鼓励华南农业大学学生主动与当地中学生开展结对帮扶，引领当地中学生共同在南粤古驿道上开展自然科普等活动，让他们以主人翁的姿态参与到家乡的生态建设中去，逐步形成了“一个专家带一个团队，帮扶古道沿线一个学校，与当地学生一起开展古道研学”的活动模式。

吴永彬教授为绣缎中学学生讲解
并示范桃金娘抚育工作
（华南农业大学南粤古驿道植物资源研究中心拍摄）

自然教育古驿道行活动现场
（吴永彬提供）

2020年8月，广东省林业局联合广东省自然资源厅在南粤古驿道上首次开展自然教育古驿道行活动，在“三师”专业志愿者的指导下，当地中小学生通过参与自然教育小游戏学习自然知识，体验古道文化之美，取得了非常好的社会反响，其经验值得总结并向全省推广。

总而言之，高质量的自然教育和公众参与活动是培养青少年生态文明意识的有效方式。在南粤古驿道上开展自然教育活动，可以促进孩子们对家乡自然环境的认识，增强对家乡的热爱和归属感，从而影响其父母和其他亲人增强自然保护意识，是推广南粤古驿道生态保护理念的重要途径。而对具备一定专业技能的大学生进行自然教育，不仅能增强他们保护环境的意识，也可以为南粤古驿道生态修复事业储备专业人才，为古驿道活化利用贡献专业力量。

（二）多措并举，打造古驿道自然教育品牌

为进一步打造南粤古驿道自然教育品牌，助推古驿道生态修复和生物多样性保护工作，共建集保护利用、活化展示、教育科普于一体的自然历史博物馆，广东省林业局积极推动全省自然教育基地建设工作。首批10条特色自然教育径已于2020年全部完成建设，包括湿地、森林植物、地质公园、古驿道四大特色主题，初步形成集观赏、体验、互动于一体的自然教育径体系。其中，以梅岭古驿道和粤赣古驿道为代表的古驿道类自然教育径，就可以通过实景图片、动植物属性知识解说等自然教育解说系统推动古驿道文化的传播。

南粤古驿道蕴藏着十分丰富的历史文化资源和植物科普资源，有开展历史文化和自然科普教育的良好基础。粤赣古驿道关爷埂古道路段既有塔岭烈士墓园和大湖、三角战役革命烈士纪念碑等红色文化资源，又有文笔塔、金溪村天保弟等县级文物保护单位，具有一定的文化旅游价值。站在关爷庙观景平台上，绣缎、大湖、三角、

忠信、合水等大半个灯塔盆地尽收眼底，沿线有油茶、黄栀子、五指毛桃、金樱子、杨梅、板栗等，还分布着大量桃金娘、马尾松等具有较高经济价值的植物资源，是打造自然教育基地的首选之地。

粤赣古驿道连平段于2019年获评“广东省首批自然教育基地”。2020年初，广东省林业局启动南粤古驿道自然教育文化品牌建设项目，依托古驿道独特的自然资源和文化元素，率先将其打造为古驿道自然教育径样板之一。

粤赣古驿道连平段“关爷埂”自然教育径全长6.46公里，首期建设1公里，由南至北，从驿道入口至望悦亭，通过自然教育标识系统讲述关爷埂植物从种子、生长、结果、凋零的一次次轮回，谱写了关爷埂古道的自然之诗。整条关爷埂古道以自然教育理念为核心，向往来游客介绍关爷埂当地的民俗文化，展现了丰厚的历史底蕴，沿途设置大量动植物科普展示牌，让游客在登山观景的同时能够了解到更多大自然的知识，唤起人们对自然环境的保护意识。

值得一提的是，设计团队在古道自然教育标识系统上下了很大功夫。关爷埂古道蕴含的文化要素众多，它既是客家文化的一部分，又以关公精神为豪。设计团队提取出象征忠义的红色，以及关公的青袍、金甲等带有的颜色作为古道自然教育标识设计元素。此外，设计团队还根据古道路径上动植物资源及景观节点的分布，设计了定点平面图；根据不同人群的需求和适用条件，以观景亭、休息平台、关爷庙为节点将古道划分为三段，分别满足不同的人群的需要。

此外，诸如大地艺术、植物生命周期、地质展示等景观节点能够为中小学生拓宽知识面，使他们有更多机会接触到课本之外的世界。设计理念在于顺应自然，科普拓展。在不破坏原有自然环境的情况下，加入精巧的装置，通过观鸟装置、昆虫屋等为动物提供更多的栖息、生长空间。步径中还穿插展示了以飞鸟、昆虫、岩石、木材、植物染料等为主题的一系列标识，并设置富有特色的大地艺术及互动装置，使古道成为集休闲、娱乐、教育于一体的老少皆宜的自然教育系统。

自然教育径上的互动装置
（中国新闻社记者姬东拍摄）

如今，在粤北生态特别保护区建设的大命题下，生态修复的内涵和内容也更为丰富，南粤古驿道是打造粤北生态文化休闲旅游高地，助力南粤古驿道沿线乡村实现经济转型、实现绿色崛起的有效途径。下一步，广东省将继续深入开展古驿道两旁的造林绿化和生态修复工作，建设更多古驿道自然教育基地，并加强基础设施建设，挖掘和串联散落在古驿道沿线的文化和景观资源，改善古驿道沿线生态环境，打响南粤古驿道品牌，树立国内外生态文明建设典范。

关爷埂古驿道自然教育径标识
（来源：南粤古驿道网）

第九章
产业融合　道旺村兴

撰稿人：何洛曦　受访人：罗竑　王世福

受访人简介

罗 竑

“三师”志愿者协会委员会委员，现任广州市天启正业建筑设计事务所（普通合伙）总裁、总建筑师，广东省杰出工程勘察设计师、国家一级注册建筑师、广东省住房和城乡建设厅南粤古驿道历史遗存修缮指导委员会专家。

王世福

“三师”专业志愿者，现任华南理工大学建筑学院副院长，广州传统中轴线地区城市总设计师，主持并参与了包括广州市恩宁路历史文化街区保护利用规划、珠海市城市设计全过程研究项目等城市重点地区规划设计。

十九大报告提出了乡村振兴战略，明确了实现农业农村现代化的总要求：产业兴旺、生态宜居、乡风文明、治理有效、生活富裕。其中，产业兴旺是乡村振兴的根本，“促进农村一二三产业融合发展”的实施方案更是进一步指明了实现乡村产业振兴的关键在于走好产业融合的道路。促进农村一二三产业融合发展，坚持以促进农民持续增收为目标，正如2018年习近平总书记在山东考察时所言，说一千、道一万，增加农民收入是关键。

南粤古驿道的保护与利用工作紧密结合党的十九大精神，是广东省贯彻落实“乡村振兴战略”的一项具体举措，目的是为乡村振兴的产业兴旺培育新的动能。活跃在南粤古驿道上的特殊力量——“三师”专业志愿者，他们充分发挥各自的专业特产，赋能乡村产业融合发展，强化乡村“造血”功能，促进乡村产业兴旺、农民增收。

一、“以道兴村”，南粤古驿道与乡村振兴同频共振

南粤古驿道沿线拥有一批名镇名村和传统古村落，历史积淀丰厚，但旅游资源分散，村与村之间缺乏资源整合，村庄和老建筑的保护与利用欠缺，随着交通方式的转变和城市的发展，缺少经济发展的有利条件，昔日繁华的村庄逐渐萧条、破败。

“三师”专业志愿者、广州市天启正业建筑设计事务所（普通合伙）总裁罗竑认为，2016年广东省率先开展南粤古驿道保护与利用工作，将其作为实施乡村振兴战略的重要抓手，这就将乡村经济振兴与挖掘南粤古驿道的多元经济价值结合起来了。

“三师”专业志愿者在编撰《广东省南粤古驿道线路保护与利用总体规划》过程中，结合广东省《关于印发<新时期相对贫困村定点扶贫工作方案>的通知》中确定的贫困村名录，通过筛选发现古驿道线路两侧各5公里范围覆盖的贫困村数量为1320个，约占全省2277个贫困村总数的58%，因此，《广东省南粤古驿道线路保护与利用总体规划》将“促进粤东西北城乡经济互动发展、实现精准扶贫的经济之路”作为总体目标之一，结合国家建设特色小镇、美丽乡村、精准扶贫等政策契机，推动古驿道线路沿线特色镇村和扶贫村的建设，促进粤东西北贫困地区和全省区域经济均衡发展。以旅游推动南粤古驿道发展，以古驿道串联沿线乡村，以乡村反哺旅游，实现以“道”兴村，“村”“道”共生，因而南粤古驿道保护与利用工作自始至终就与乡村振兴同频共振。

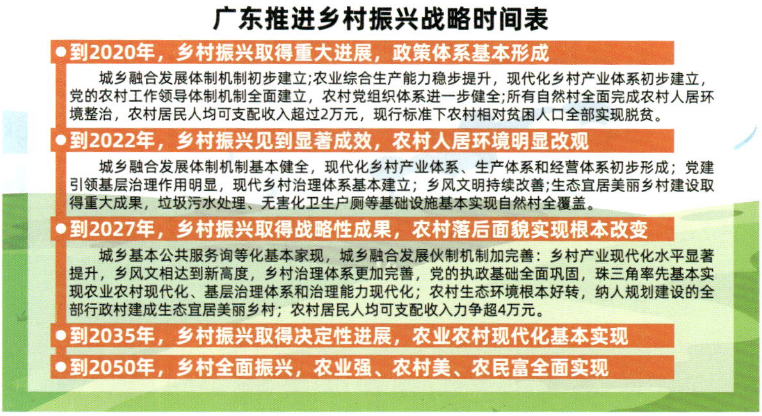

广东推进乡村振兴战略时间表

（来源：广东省城乡规划设计研究院有限责任公司）

(一)战略“共生”关系

南粤古驿道与乡村振兴是战略“共生”关系。一方面，南粤古驿道保护与利用是乡村振兴战略实施的有力抓手，以古驿道历史遗存空间的再利用为载体，推动历史文化保护与农村人居环境、生态环境综合整治和扶贫开发、乡村旅游、户外运动等相互融合，促进沿线农村面貌改善和经济发展；另一方面，乡村振兴战略也是南粤古驿道保护与利用工作开展的基本保障，乡村振兴战略为现代农业农村注入强大动力，从制度供给、人才支撑、投入保障、规划引领等方面聚焦农村地区，为古驿道保护与利用提供坚实后盾。

在乡村振兴战略全面实施的背景下，南粤古驿道保护与利用工作通过科学的规划，充分挖掘乡村地区的资源，打造乡村产业，利用产业兴旺带动乡村振兴发展。

(二)经济“双赢”关系

南粤古驿道与乡村振兴也是经济“双赢”关系。“三师”专业志愿者、华南理工大学建筑学院副院长王世福教授认为，南粤古驿道保护与修复利用工作，一方面，把名镇名村、古村落、自然风光等串珠成线，打造为一条历史文化游径，吸引更多的人来走古驿道，带旺人气，促进地方旅游、文化产业兴旺，从而使农民增收；另一方面，汇聚当地规划、建设、旅游、体育和教育等资金和政策，产生叠加效应，并吸引各方投入，改善人居环境，完善配套设施，以道兴村。

近年来，我国的休闲农业和乡村旅游产业快速发展，现代乡村旅游不仅带来了财政收入，还为当地村民提供了就业机会，给传统经济注入新的活力。南粤古驿道文化线路的打造将吸引更多人流，为沿线村庄发展乡村旅游提供游客支撑。随着南粤古驿道品牌价值不断提升，古驿道和乡村形成“旅游+”“文化+”“活动+”等多种发展模式，吸引各地游客来此重走古道、了解文化、体验乡村，对乡村振兴、巩固脱贫攻坚的成果有着重要的意义，真正实现“以道兴村”。

（三）空间“联动”关系

千百年来，智慧的古人们在古驿道上迁徙往来，并在驿道沿线落脚定居，形成历史文化氛围浓厚的特色村镇。《广东省南粤古驿道线路保护与利用总体规划》中提出，以古驿道线路为载体，串联沿线419个古驿道文化特色村落，结合广东省绿道建设、新农村连片示范建设和农村人居环境综合整治等工程，形成以线串点的古驿道文化乡村带，为沿线乡村发展注入新的活力。为带动沿线村落经济的发展，该规划还从以下三方面进行了阐述。

1.与古驿道直接相关

由驿道直接串联起的村落，尚有部分古驿道遗存或遗址，例如珠玑巷（位于南雄梅关古道）、台山五福村（位于台山古驿道）、从化钱岗村（位于从化钱岗古道）。通过古驿道遗存或遗址的保护与修复工作，建设古驿道、驿站，串联沿线的文化节点，可发展古驿道文化旅游特色村镇，从而推动乡村旅游发展，带动村镇经济整体发展，提升居民获得感、幸福感。

2.位于古驿道周边

与古驿道历史事件具有一定的联系，如与古驿道军事、邮驿、商贸、迁徙、宦游等历史事件相关的村镇，通过对古驿道历史文化资源的挖掘和展示，建设古驿道、名人、历史事件等主题展览馆，可发展为古驿道沿线的重要文化节点村镇，从而提升村落文化内涵，增强居民文化自信，促进文明村落创建。

3.位于古驿道辐射范围内

传统风貌保存良好的村落，如历史文化名镇名村、历史古镇古村等，结合镇（村）的整体保护与利用，充分融入古驿道文化内涵，注重镇区、村落内部的传统建筑的保护，加强游径系统、标识系统、交通衔接、配套设施等方面的建设。从而进一步改善农村人居环境，提升居民生活水平。

二、“以技兴村”，赋能产业融合发展

推动农村产业融合是当前发展农业农村经济的重大政策导向。《国务院关于促进乡村产业振兴的指导意见》提出，提升农业发展质量，培育乡村发展新动能，构建农村一二三产业融合发展体系，实施休闲农业和乡村旅游精品工程，建设一批设施完备、功能多样的休闲观光园区、森林人家、康养基地、乡村民宿、特色小镇，推动农业与文化、教育、旅游、康养等产业融合，发展乡村共享经济、创意农业、特色文化产业。南粤古驿道保护利用工作技术指导组组长李永洁表示，南粤古驿道保护与利用工作通过推动广东各地区文化、体育、旅游、农业等生态产业体系的绿色要素融合，为广东省解决区域发展不平衡、不充分、不协调的问题提供了发展新动能，“三师”专业志愿者们发挥各自专长通力合作，加强活动组织，注重培养乡村新业态，有望真正把南粤古驿道打造成一项“民心”工程。

“三师”专业志愿者作为南粤古驿道保护与利用工作的灵魂人物，高度重视乡村振兴、产业融合问题。王世福教授表示，自2016年南粤古驿道保护与利用工作启动伊始，“三师”专业志愿者就结合《广东省人民政府办公厅关于推进我省农村一二

三产业融合发展的实施意见》，深入挖掘南粤古驿道的历史文化资源，将古驿道保护、利用与改善农村环境、发展乡村旅游、实施扶贫攻坚等工作紧密结合，促进沿线农村产业交叉融合。

农村一二三产业融合发展，是对传统农业经济模式的改革，也是一个交叉发展的概念，在农业产业化发展的基础上，将一二三产业进行交互，将第二产业的“标准化的生产理念”和第三产业“以人为本的服务理念”引入第一产业的发展，从而促进农业一二三产业的全面发展。

“三师”专业志愿者在开展南粤古驿道保护与利用工作中，与多部门联动，跨界合作，发挥各自专业技能，在指导做好村庄建设和规划、促进当地优化乡村人居环境、建设美丽乡村、扩大旅游影响力、带来投资消费机遇等基础上，以农业为基本依托，促进农村一二三产业“内向”融合、“纵向”融合与“横向”融合，使农业生产、农产品加工和餐饮、休闲以及其他服务业有机地整合在一起，让农村一二三产业之间紧密相连、协同发展，最终实现农民收入增加。

（一）一产：农业内部的“内向”融合

在乡村产业中占据主导地位的必然是第一产业——农业。而农业内部的“内向”融合是在传统农业的基础上，依托当地的农业资源优势，以农牧结合、农林结合、循环发展为导向，调整和优化农业种植、养殖结构，加快发展循环农业、生态农业，大力发展无公害、绿色、有机和地理标志农产品，加强农业废弃物综合利用，实现经济效益和生态保护，促进产业发展和农民增收。[①]农业内部的“内向”融合有助于农业提质提效，推动农业现代化发展。

①《“农业三产融合”优秀案例分享》，http://www.sohu.com/a/354482781_120236832，发表日期：2019年11月18日。

曾连续两年举办南粤古驿道定向大赛的清远市阳山县，近年来以深化农业供给侧结构性改革为主线，着力推动产业兴旺，促进农业“内向”融合，实现农业现代化发展。其中，成功申报“国家农业产业强镇”的七拱镇内的稻虾生态共作养殖基地就是种植、养殖结构优化的典型案例。该养殖基地主要位于七拱镇和平村、隔坑村和西连村，基地在水稻田里通过一定的田间工程改造，合理套养一定数量的小龙虾，发挥小龙虾除草和排泄物增肥等功效，实行水稻和小龙虾共生，实现“田面

在南粤古驿道定向大赛上展销的农特产品丝苗米
（来源：南粤古驿道文创大赛组委会）

种稻，水体饲养小龙虾，虾粪肥田，稻虾共生”的效果，是一种把种植业和水产养殖业有机结合的生态农业生产方式。目前，该基地聘请劳务工20多人。基地规模发展后将考虑与当地合作社合作，让农民入股，届时，将惠及周边5个村5000多人，使当地农民增加经济收入。

此外，七拱镇素有“阳山粮仓”“鱼米之乡”的美誉，丝苗米、淮山等特色农产品在南粤古驿道定向大赛的农特产品展销上大放异彩，销量大增。近年来，七拱镇扎实推进“改品种、优品质、改业态、促融合”，农业结构不断优化，质量效益不断提升，农民持续增收。位于七拱镇火岗村的水稻公园是农业现代化的大型综合发展项目，目前项目建成了1000平方米的科研办公楼、1000平方米的有机肥生产厂厂棚、3330平方米的现代化育苗育秧场，完成了22个优化丝苗米品种试种工程，建成了清远市农业机械化指定技术与服务示范基地，建设标准化种植基地1186亩，等等。该项目让传统的水稻种植业迈向了现代化道路，提高了火岗村农业质量效益，促进了农民增收。

（二）一产+二产：产业延伸的“纵向”融合

近年来，虽然我国农村产业发展迅速，但产业链短、产品附加值低等问题依然突出。产业链的“纵向”融合，即以农业为中心，叠加第二产业的包装、加工等环节，延长产业链，增加产品附加值。例如，为农产品设计创意包装、美化产品形象等已经成为增加农产品附加值、融合农村一二产业的途径之一，具有文化创意的农产品包装设计已经成为发展趋势。

广东省“三师”专业志愿者协会组织的南粤古驿道文创大赛至2021年已举办了五届，大赛把文创设计机构以及院校设计的师生组织起来，结合古驿道的修复与建设工作，深入古驿道乡村进行采访，结合当地的文化特色、古驿道周边的历史的遗存以及当地的特产来进行文创设计，为乡村特色产品设计出1100个创意产品，其中大量作品跟当地的厂家结合起来，投入生产。据罗竑介绍，在2020年第四届南粤古驿道文创大赛中，大赛组委会尝试建立“反哺”机制，即大赛在当地取材,通过创意设计包装,提升消费者的认可度,获得收益后以图书等实物形式反馈给乡村。

2019年第三届南粤古驿道文创大赛中，由广东轻工职业技术学院设计的“林中山珍”菌菇包装，得到广东林中宝生物科技股份有限公司的青睐并投入使用。该公司是清远市清新区的一家本土企业，主要从事食用菌产品和灵芝类保健食品的研发、生产和销售。该公司总经理王清介绍，公司多年来坚持“授人以渔”的精准扶贫方式，在清远当地向农户提供各种菌菇孢子、传授种植方法，长成后以高于市场价回收并加工销售，增加农户收入。

（三）一产+三产：功能拓展的“横向”融合

农村一三产业融合即通过开发、拓展农业的多种功能，促进农业与文化、教育、旅游、康养、餐饮等产业融合，提升农业或乡村的生态休闲、旅游观光、文化传承、科技教育等功能，发展乡村共享经济、创意农业、特色文化产业。

蓬勃发展的乡村旅游在促进农业增效、农民增收等方面起到了重要作用。来自广州大学旅游学院的"三师"专业志愿者从2017年开始着手进行南粤古驿道综合研究和田园调查，从乡村振兴、假日经济等角度，研究南粤古驿道对发展全域旅游、促成文旅融合的作用。其中"三师"专业志愿者、广州大学旅游学院（中法旅游学院）院长张河清教授与"三师"专业志愿者、旅游管理专业硕士研究生导师王蕾蕾所合著的《岭南文化与旅游产业融合发展研究》一书，从文化地理学的视角探讨文化与旅游产业融合的一般规律，认为旅游产业促进了农村优质文化资源的利用，使其转化为文化旅游产品，[①]由此塑造乡村产业的新业态和新未来。我国农业文明历史悠久，不同地区由此衍生出来的不同民风民俗形成了不同的地域特色，通过梳理并挖掘其经济价值，打造文化品牌，可满足旅游者的精神文化追求。如2018年国庆黄金周期间，共有3135.6万名游客赴广东各地乡村体验岭南田园风光、乡土文化、乡村美食、农事活动和乡居生活。温泉养生、休闲山水和乡村旅游等颇受欢迎，到乡村民俗泡温泉、到盘王古庙进行新春祈福成了乡村旅游新玩法。其中岭南传统文化展示和农事体验是广东乡村旅游的亮点之一，如江门新会陈皮村举办的首届新会陈皮柑农节，现场开展了民俗表演、文化体验、品尝美食等活动；湛江市足荣村举办的第三届"手作节"，组织了雷州烟斗制作、陶艺、木雕、竹编等特色乡村手作体验展示活动。[②]

①张河清、王蕾蕾：《岭南文化与旅游产业融合发展研究》，中山大学出版社，2020，第45页。

②张河清、王蕾蕾：《岭南文化与旅游产业融合发展研究》，中山大学出版社，2020，第31页。

近年来，南粤古驿道文旅产品供给日渐丰富，主要景区（点）和关键节点所在的乡镇旅游产品数据超过15000条，南粤古驿道逐渐成为游客喜爱的旅游目的地，其经济效益亦逐步显现。官方统计数据显示，南粤古驿道沿线村民年户均旅游收入达2万元，占年户均收入的21.6%，切实做到农民增收、百姓好评。乡村旅游新业态如火如荼，南粤古驿道串联历史、人文、红色、康体、民间艺术等旅游产品和线路，正成为广大旅游的新风尚。[②]例如，近年来，粤北韶关西京古道沿线的仁化县依托南粤古驿道定向大赛，把体育与双峰寨和石塘古村的保护及利用结合起来，打造了石塘红色酒香古镇；依托丰富的红色文化资源，打造了仁化红军长征历史文化游径，该游径被评为"广东省历史文化游径(第一批)"；成功打造了广东省级首批"红色村"党建示范点董塘镇安岗"红色村"。如今，仁化县全域旅游体验全面升级，红军长征粤北纪念馆、城口红色小镇、安岗"红色村"成为红色文化游及爱国主义教育热选地。仁化县有被誉为广东省最美乡村旅游公路的"阅丹公路"以及环丹霞山"万里碧道"，并打造了5条省级旅游精品线路；培育农旅融合发展的新模式，建成9个省级休闲农业和乡村旅游示范点；发展丹霞精品民宿400余家，发展酒店、餐饮、农家乐等涉旅企业1100余家，带旺农特产品销售，全域旅游助推富民兴业。

三、"共建共治共享"，凝聚多方力量

南粤古驿道保护与利用工作伊始，广东省相关部门就提出要调动多方积极性，做好南粤古驿道保护与利用公众参与工作，广东省住房和城乡建设厅还专门下发《关于做好南粤古驿道保护利用公众参与工作的通知》《关于积极参与南粤古驿道保护利用的倡议书》，要求各相关地级市要充分调动各方积极性、凝聚各方共识、团结各方力量，共同做好该项工作。[③]由此形成了南粤古驿道保护与利用工作"共建共治共享"的治理模式，而该项工作自开始以来就与乡村振兴同频共振，因此在促进农村一二三产业融合的过程中，村民、基层政府、企业、科研工作者等是"共建共治共享"工作模式中的重要主体，只有这些主体共同发挥作用，才能真正实现产业融合、道旺村兴。

③郭壮狮、张子健：《以线性文化遗产保育活化带动沿线村庄社会经济发展——浅谈广东省南粤古驿道保护利用工作》，《中国勘察设计》2018 年第 11 期。

（一）村民：返乡创业，发挥农村主体作用

农村的三产融合发展以促进农民持续增收为目标，因此村民是农村的主人翁，在农村产业融合中发挥着主体作用，当地村民返乡就业、创业，都能促进农村产业融合。

南粤古驿道保护与修复利用工作注重挖掘当地传统文化内涵，挖掘历史遗迹和人文故事，并采用多种形式在传统节庆、墟日举办非遗文化展、摄影展等，让古老村庄焕发新的生命力和灵气，让村民看到农村新的发展机会进而返乡创业。如南粤古驿道定向大赛拉动了赛事举办地的经济发展，还吸引了村里的年轻人返乡创业，让外出务工人员回流，给村里带回了资金、人才、技术等，为农村带来新业态的同时带动村民共同致富。目前，已有部分村民返回村中从事农产品、文旅等产业。

王世福教授认为，农村产业融合的根本落脚点在于让农民增收，因此除了通过传统的售卖农产品外，还应尽量引导村民自身发展第二、第三产业。如“三师”专业志愿者在开展南粤古驿道保护与利用工作技术指导时，引导有条件的地区将农村环境基础设施与特色产业、休闲农业、乡村旅游等有机结合，实现农村产业融合发展与人居环境改善互促互进，还倡导新乡贤文化，以乡情、乡愁为纽带吸引和凝聚各方人士支持、投身农村产业建设。

据王世福教授介绍，潮惠古道（惠东高潭段）是近代中国工农红军迁徙、革命斗争的红军路，留下了许多革命历史遗址，由于古道及其周边资源盘活，吸引了较大的人流量，由此吸引了不少村民返乡创业，其沿线特色民宿客栈——忘山居客栈的老板即新乡贤的一个典范。

据了解，忘山居客栈老板林先生是高潭镇本地人，他17岁外出求学，在惠州、深圳、浙江、上海等地打工近10年后开办企业，主要从事旅游相关行业。随着高潭镇成为广东省中共党史教育基地、广东省爱国主义教育基地、广东省保密教育基地，以及看到潮惠古道（惠东高潭段）活化利用工作给高潭带来的系列改变，2018年4月，林

王世福教授（左三）在忘山居客栈内召开古驿道工作座谈会（江家敏拍摄）

先生决定回乡开办客栈，当年8月开始动工。客栈采用与村民合作的方式，土地来自村民宅基地，主要面向外地游客，提供红色教育相关服务，并开设陶艺教育场地。此外，林先生表示当地政府对基础设施建设的投入给予他较强的投资信心，他认可高潭镇政府的审批效率与积极态度，表态将盈利再投资，以回馈家乡。

（二）基层政府：统筹规划，强化村集体凝聚力

农村的一二三产业融合是不同行业相互渗透、相互交叉，最终融合为一体，逐步形成新业态的动态发展过程，需要基层政府及村集体发挥统筹规划作用，因地制宜、通力合作，统筹资源，优化空间产业结构，以农民受益为根本目的。

广州市从化区吕田镇莲麻村村集体近年来通过盘活莲麻古道资源，打造徒步、定向越野等活动发展旅游产业，以实现村民共建共治共享为目标深入开展群众路线工作，采取“政府+村集体+农户”合作模式，盘活村内闲置房屋，鼓励村民开办民宿，成功推出“华夏莲舍”等一批“网红”民宿，精心打造的古驿道旅游专线串联了特色商业街、十里画廊绿道和莲麻花海，打造起南粤古驿道特色小镇，从贫困村成功转型为“网红村”。莲麻村还有机结合特色小镇的建设，通过保护和盘活红色革命史迹，建设成了广州市红色旅游目的地。未来，从化区将以莲麻村为核心，依托流溪水系打造连片绿色敞开空间，充分挖掘从化第一个党支部成立、从化县委成立、从化县政府成立、东江纵队活动、云台山战役、粤北会战等革命活动的历史资源，打造出一条串联起吕田镇、良口镇、温泉镇的穗北红色文化产业带。

肇庆市封开县近年来通过统筹规划，建设两广源流博物馆、打造潇贺古道和茶船古道，推出廊道源流历史文化游径，开发“封开贺江奇景生态游”等乡村旅游精品线路，推动文旅深度融合，做强广信文化旅游品牌。封开县坚持将生态优先、绿色发展作为经济主线，将乡村旅游作为乡村振兴的主抓手。2017年起，封开县先后投入3.5亿元整治中小河流域，投入5.6亿元整县推进污水处理设施建设，从此，贺江水质常年保持一级水标准；投入4.9亿元高标准建设省际廊道美丽乡村示范带，推动产区变景区、田园变公园、劳作变体验、农房变客房。大洲东畔村被评为首批“广东省文化和旅游特色村”，江口台洞村参与《乡村振兴大擂台》节目录制，荣获“优秀村”称号，封开油栗、封开杏花鸡等特色农副产品多次获得中国中央电视台的关注。全县共有旅游产业扶贫基地34个，到户产业扶贫项目2.3万个，建设扶贫车间22个，打造了杏花鸡、神湾菠萝、兰花、食用菌等一批旅游扶贫特产项目。全县5156户12637名贫困人口、28个省定贫困村通过发展乡村旅游全部达到脱贫标准。

（三）企业：穿针引线，完善利益联结机制

在推进农村三产融合发展的过程中，农业产业化龙头企业作为现代农业产业体系的重要组成部分，是农民增收的发动机，也是完善利益联结机制的积极探索者，企业穿针引线，连接着市场与乡村。同时企业的聚集效应和孵化功能，在推进农村产业融合中起到了中坚作用。

如上文提到的阳山七拱镇火岗村水稻公园大型农业综合发展项目，是由龙头企业广东森川投资发展有限公司、广东省农业科学院水稻研究所注册建设的。水稻公园以农村一二三产业融合发展为主线，以一产种植为基础、二产加工为核心、三产农

旅为拓展，集优质丝苗米科研、种植、加工生产、品牌打造、市场营销、农耕文化传播于一体，通过“预付种苗、订单收购”“土地流转、劳务用工”“土地入股、按股分红”等形式，助力126户贫困户增收脱贫，吸引农村青年返乡就业创业。同时企业还发挥聚集效应，以美丽乡村、美丽田园精品旅游线路为主线，整合串联水稻公园、学发公祠、潭村古村落、孙中山七卫士故居等特色文化旅游资源，大力发展以休闲观光、文化旅游、健康养生、体育运动、科普教育、农家餐饮、农事体验、农耕文化为特色的乡村旅游线路。

广州市从化古道旁沿线的温泉镇南平村，与广州建业投资控股有限责任公司签署“从化区南平特色小镇项目合作合同”，开展村企合作，南平村将村中的100亩果园、3个空心村落、停车场等的使用权作价入股，珠江实业集团以现金入股并负责小镇的设计、建设和运营管理。村、企按1：4的比例持股，村集体每年享有100万元的保底收益，另加股比分红。由政府、村集体、村民和企业四方共建、共治、共享，逐步形成“公司+村集体+农户”一体化利益联结机制。

（四）科研工作者：技术助力，促进产业兴旺发展

在农业三产融合中，只有科学的种植、养殖才能促进农业提质增量、迈向现代化发展。如猕猴桃是河源的地理标志产品，为了更好地促进猕猴桃产业发展，来自华南农业大学的“三师”专业志愿者以河源连平县内莞镇横水村的猕猴桃种植基地作为产学研实践教学基地，与当地新世界绿色种养专业合作社进行产学研合作，以自身资源力量帮助横水村打造高端品牌，力争从进口新西兰猕猴桃产业链开发上取得突破，孵化出连平县新兴现代智慧生态农业主导产业，不断探索长效的脱贫机制，切实让猕猴桃产业成为当地贫困户长久致富的“金蛋蛋”“钱串串”，帮助当地贫困群众持续“造血”增收。

此外，如前文所述，“三师”专业志愿者、华南农业大学林学与风景园林学院副教授吴永彬带领学生林黛仪、孙芝倩等对南粤古驿道粤赣古道（东源段）和秦汉古道（水口段）野菊花开展了系列调查和实验研究，初步模拟从产地到产业的野菊花资源开发与利用的整个过程，进一步开发与利用野菊花产业，从而促进相关产业兴旺、古道沿线村民增收。该团队大量收集古驿道沿线的野菊花种子并对其进行丸粒化处理、测定发芽率、种子包衣等试验，为野菊花的规范化栽培提供一定的依据，并且向南粤古驿道野菊花资源开发与利用提供了商业应用的理论依据；通过采集新鲜野菊开展挥发油提取实验，检验野菊花挥发油提取工艺的研究结果，以野菊花挥发油提取实验来模拟野菊花挥发油提取工艺产业，为南粤古驿道野菊花资源产业化提供参考。

粤赣古道（东源段）上的野菊花
（孙芝倩拍摄）

目前，该项目相关研究成果即将发表，在“三师”专业志愿者的不懈努力下，野菊花有望发展为一个独立的产业，并成为南粤古驿道沿线地区当地经济发展的重要支柱。

四、双江镇创新“古驿道+”模式，兴村强镇

近年来，河源市和平、连平、东源等县乡镇以修缮、保护和开发利用粤赣古驿道为契机，大力实施乡村振兴计划，各地村容村貌如今已得到质的飞跃，而东源县双江镇实施的“以道兴村，兴村强镇”的全新思路，正引领着该镇经济快速发展。

方为民一行在
粤赣古道双江段实地调研指导
（洪惠拍摄）

双江镇是东源县水库移民乡镇，属万绿湖库区乡镇，总人口1.6万人，下辖5个行政村，历史悠久，底蕴深厚，有南越王“赵佗故城”古迹，境内有“菊石化石”、马腰寨瀑布、桥头圩等旅游景点，还有市级文物保护单位客家古屋等人文古迹和自然景观。

2017年，河源地区文物普查人员发现了一条长时间被人遗忘的古驿道——藏身于九连山脉全长约66公里的粤赣古驿道，引起政府和学者专家的高度重视。双江镇党委、政府敏锐意识到古驿道挖掘与修复对双江来说是一次难得的新发展机遇，是助推乡村振兴的重要抓手。于是，双江镇党委、政府迅速在全镇范围内掀起了古驿道挖掘、清理和保护的风潮。2017年清理古驿道22.1公里，其中主道9公里，支道13.1公里，为进一步修复古驿道赢得先机。2018年、2019年、2020年接连立项，在“三师”专业志愿者的指导下开展南粤古驿道保护与利用工作，取得了卓越成效。

其中，2019年广东省自然资源厅南粤古驿道保护利用工作领导小组副组长、二级巡视员方为民带领工作小组在粤赣古道双江段实地调研时指出，粤赣古道的保护利用应坚持原生态、再利用、再循环原则，保护好历史遗存的真实载体和古驿道沿线的生态格局，倡导“不留痕迹的旅程”，指导乡村做好农村垃圾污水治理、水体保护、畜禽污染整治、古水道治污工程。同时以助力乡村振兴、促进农民增收为根本出发点，文化、体育、旅游结合，对区域内的文旅资源连线连片开发，串联整合沿线水果基地等农业资源，突出当地文化特色打造乡村旅游线路，为乡村带来客流、资金和全新观念，有效带动民宿经济、农产品销售、特色餐饮、传统手工艺、观光农业发展。这让双江镇更加坚定地走“以道兴村，兴村强镇”道路，使双江镇乡村换了新颜，人气更“旺”，村民更富裕。

（一）以道兴村，助推乡村发展

随着双江古驿道品牌的提升，双江镇深入实施禽畜养殖整治、桉树整治、“三清一改”、“春、夏、秋、冬季战役”等专项行动，在全镇建立起卫生保洁长效机制，农村人居环境综合面貌得到切实改善，实现了干净、整洁、有序的目标。同时，以古驿道为载体，双江镇完成2段古驿道精品线路开发建设，并深入开展2020年古驿道巩固提升项目。

陈飞燕向杜黎宏等人
介绍双江古驿道活化利用情况
（何洛曦拍摄）

同时，双江镇以寨子村、桥头村示范片项目为抓手，优化桥头寨子连片景观，新建道路5.61公里，村道绿化13公里，完成村标、路标及节点景观打造等项目17个，特色农业“一村一品”休闲体验区、古驿道沿线节点、连接线等项目正稳步推进，重点打造“半月湖”驿道网红点建设，实施人行道绿化质量提升工程，“我们通过乡道、村道连接线，驿道、绿道、碧道慢行联系系统，将全镇的主要人文景观、产业基地、古道遗迹等串联，形成共享共建、景观风格与乡村风貌协调统一的连片发展共同体。”2020年10月26日，东源县双江镇党委书记陈飞燕向来到双江镇开展常态化技术指导的“三师”志愿者协会会长杜黎宏一行介绍古驿道活化利用情况时说。值得一提的是，陈飞燕也是“三师”专业志愿者的一员，早在“三师”组建的南粤古驿道技术指导组第一次抵达双江开展指导工作时，她便由衷赞许“三师”的专业能力和志愿服务精神，于是主动申请加入。

(二)以道会友，创新“古驿道+”模式

为动员更多社会力量参与古驿道一体化建设，双江镇积极搭建乡村发展大舞台。充分利用双江地处灯塔盆地国家现代农业示范区、万绿湖AAAA级景区的区位优势，立足水果产业，在2019年4月开展了“驿道徒步+千人宴”、7月与坚基集团举办“双江镇第三届‘状元瓜’推介会暨JJ MALL①水果狂欢节”等大型活动和体育盛事，充分让游客感受到古今联结、旅游和文体相融的独特魅力。同时，双江镇结合“不忘初心、牢记使命”主题教育，承接了3期共1000余名师生的研学活动，让孩子们体验农耕文化，增进对古驿道文化的理解，既丰富了知识，又丰富了生活。

①JJ MALL 即河源坚基购物中心，是粤北最大的商业综合体。

“古驿道+”发展模式不断创新，焕发出古驿道、古村落的勃勃生机，成了新时代里双江镇发展全域旅游、实现乡村振兴的“重器”。为持续推广、开展、普及“古驿道+”模式，要把古驿道作为促进全民健身、乡村振兴、生态保护、红色文化和全域旅游融合发展的重要载体，提升古驿道赛事活动的社会影响力，开启以体兴道、以道兴村、以村强镇之路。

游人如织的双江镇古道
（洪惠拍摄）

2020年是我国全面建成小康社会和“十三五”规划收官之年，也是脱贫攻坚决战决胜之年。为推动双江镇古驿道周边农产品特别是新冠肺炎疫情期间的贫困户

农产品宣传和销售，促进区域内优质农产品走向中高端市场，扩大外界知名度和品牌影响力，增加农民收入，双江镇着力探索了“互联网+”“古驿道+”助农脱贫新模式。6月13日，双江镇党委、政府主办了“古道明珠，万绿果香，多彩双江”——2020年双江状元瓜暨消费扶贫农产品直播活动。南方+主播、当地电视台主持人和自媒体共同在“云端”积极宣传和推介双江古驿道周边农产品，吸引了近6万网民在线观看。陈飞燕介绍，接下来，双江镇党委、政府将抓住发展机遇，深入贯彻县委“一核一副三重四组团”的发展战略，紧紧围绕“古道明珠，万绿果乡，多彩双江”的发展定位，加快推进以蓝莓、西瓜为主导的“众星捧月”农业产业格局形成和以“古驿道+”为特色的环湖生态旅游圈发展步伐，大力发展古驿道沿线特色优势产业，在巩固脱贫攻坚成果、促进乡村振兴等工作中勇于担当，帮助群众增收致富。

(三)以道兴业，构筑产业支撑体系

据了解，双江镇大力发展古驿道沿线特色优势产业，因势利导，培育和引导社会资金建设一批产业园，扎实推进农业“一镇一业、一村一品”并取得初步成效。镇域形成了优特色水果、优质畜禽、米酒等农业主导产业，建设了省级农业龙头企业绿天地农业发展有限公司蜜柚种植基地、国家级农民专业合作社示范单位万绿松葡萄园、台湾高端水果品牌业隆生态农场、双江状元瓜基地等一批现代农业园区。

新型农业经营主体不断壮大，镇域内拥有市级以上农业龙头企业1家，区域农业品牌3个(双江西瓜、下林米酒、西施柚)，家庭农场13家，特色水果种植面积由3000亩增加到7000多亩，水果产业品种由过去的五种上升到现在的十几种，农家乐、农村菜馆、乡村民宿由古驿道保护与修复前的2家增加到古驿道活化利用后的10家，民宿出现“一居难求”的火爆盛况。经济合作社也由70家增加到83家，可吸纳就业人数由865人提升至1160人，促进农民人均纯收入增收3000元。

“万绿人家·梨花屋舍”民宿
(洪惠拍摄)

省重点项目万绿村生态农业旅游度假区、“万绿人家·梨花屋舍”民宿等第三产业服务业，已然成为休闲农村和乡村旅游的一张名片。“古驿道+品牌”模式有效带动了产业发展，成了产业“输血”和“造血”并举的大通道，推动了沿线村民收入增长，为乡村可持续发展提供了新鲜血液。

截至2019年底，双江镇全镇可开发贫困人口人均可支配收入达13770.73元；桥头村(原省定贫困村)可开发贫困户人均可支配收入11543.85元，居民人均可支配收入17028.8元。这得益于古驿道的开发利用，黄陂、兰溪、下林三村“四季花海”项目，寨子村古坊酿酒项目和万怡园民宿项目等也取得了意向性投资发展。

接下来，双江镇将持续推广、开展、普及“古驿道+”模式，把古驿道作为促进全民健身、乡村振兴、生态保护、红色文化和全域旅游融合发展的重要载体，着力打造“一湖一业一驿道，四季有花四季有果”的古道明珠，促进农村一二三产业融合发展，持续激发乡村内在“造血”机能。

第十章

体赛健魄　乡风焕新

撰稿人：林思敏　受访人：田中　梁国营　黄永杰　钟志华　邹钢民

受访人简介

田中

“三师”专业志愿者，“三师”专业志愿者协会副会长。毕业于英国牛津布鲁克斯大学，城市设计硕士学位。现任广东省建筑设计研究院有限公司中山分公司院长。属广东省最早一批南粤古驿道志愿工作者，累计参与完成广东省18个地级市、11条重点线路、780余公里的古驿道保护规划、遗存修复及设施配套、教育宣传等工作，参与支持南粤古驿道定向大赛、文创大赛、大师小筑、美丽宜居乡村行动、华南教育历史研学基地发掘建设等多项专业志愿服务活动，承接广东省健身步道技术服务、南粤古驿道相关规范编制等项目。被授予广东省十大“南粤工匠”、广东省优秀“三师”专业志愿者、广东省古迹保护协会专家、抗战时期华南教育历史研究专家委员会专家称号。

梁国营

毕业于肇庆学院，数学教育专业。阳山县自然资源系统党委委员，阳山县自然资源局党组成员、副局长。自2010年起参与阳山县规划工作，于2018年参与阳山县南粤古驿道规划的编制工作，自2019年起参与秦汉古道和西京古道（阳山段）及其沿线的规划建设和古驿道资源的发掘推介工作。

黄永杰

毕业于广东技术师范大学，管理学学士学位。现任阳山县文化广电旅游体育局副局长。致力于乡村旅游、文化旅游的规划与宣传推广，主笔撰写了《阳山县全域旅游创建实施方案（试行）》以及系列子方案，全程参与编制《阳山县全域旅游发展总体规划（2017—2030年）》，统筹规划全县旅游基础设施建设，参与组织筹办古驿道定向大赛、四驱车比赛、广东省登山节、阳驴节徒步嘉年华等体育赛事活动，助力阳山打造广东省全域旅游示范区、全国森林旅游示范县、户外运动品牌。代表作品：《阳山县秤架瑶族乡南岭森林小镇旅游发展总体规划（2014—2030）》《保护历史文化 遗产助力乡村振兴战略 促进清远乡村旅游发展》。

钟志华

现任阳山县副县长。驻守乡村振兴“第一线”，通过塑造农业品牌、改革农村集体产权制度、培育强农业经济主体、整治农村人居环境、建设乡村风貌等措施建设美丽乡村示范村、乡村振兴样板区，全面提高阳山县建设发展水平。

邹钢民

现任阳山县阳城镇水口村党建指导员。从事旅游工作二十多年，在水口村扶贫工作中，挖掘活化推广水口秦汉古道，并在省市县镇的支持下通过“古驿道+旅游+体育+文化”的模式实现水口村精准脱贫。先后获2016—2018年广东省脱贫攻坚工作突出贡献个人、2019年广东省百名优秀村（社区）党组织第一书记、文化和旅游部2019全国乡村文化和旅游能人称号，以及2020年广东省十大“最美家庭”、2018年南粤古驿道文创大赛二等奖等荣誉。

体育强则中国强，国运兴则体育兴。2013年习近平总书记在出席全国群众体育先进单位和先进个人表彰会、全国体育系统先进集体和先进工作者表彰会时指出，体育是社会发展和人类进步的重要途径，是综合国力和社会文明程度的重要体现。体育在提高人民身体素质和健康水平、促进人的全面发展，丰富人民精神文化生活、推动经济社会发展，激励全国各族人民弘扬追求卓越、突破自我的精神方面，都有着不可替代的重要作用。把体育事业融入实现“两个一百年”奋斗目标大格局中去谋划，深化体育改革，更新体育理念，推动群众体育、竞技体育、体育产业协调发展。体育是民族强盛、人民健康的重要组成部分，在城乡建设的过程中，应当关注人民群众的精神需求，挖掘开发体育资源，完善体育基础设施建设，推进全民健身、竞技体育、体育交流等各项工作，并以此为着力点构建高品质的公共服务体系，提高城乡整体风貌和精神文明建设水平，实现城乡经济高质量发展。

“三师”专业志愿者协会广泛吸纳建筑、规划、工程、体育、教育、文化艺术、考古、医学、新媒体等领域的专业人才，主动协助广东省各级政府部门，联合广东省户外运动协会，以古驿道为载体举办各类体育赛事，并以此为抓手整合古驿道及沿线村落自然资源、人文资源，打造广东省人民群众体育健身的公共产品，实现人居环境、乡风文明、经济发展、文化交流的同步提升。

一、“增量、提质、扩容”，打造优质体育活动场所

古驿道是生态化、自然化的户外体育活动场所，是广东省基于群众多元化的健康运动需求和社会发展需求而打造的高质量“公共产品”和“休闲产品”。

(一)打造高质量“公共产品”

广东省一直是我国著名的运动强省，全民健身风气浓郁。随着广东省经济社会的高速发展，人民群众对体育健康的需求愈加迫切，关注点从主流运动项目转向个性化的体育项目，运动消费趋向于多样化、多层次、高品质，运动场所也从场馆走向街头、从市区扩展到郊野，以往增加运动活动场地的措施已不能满足群众体育运动需求。而南粤古驿道凭借其独特的自然条件、丰富的文化内涵成为广东省最具开发潜力的生态走廊，经广东省政府和广大群众保护和开发后形成广东人民群众体育

健身的“公共产品”。

2016年，广东省政府在《广东省人民政府办公厅关于加快发展健身休闲产业的实施意见》中指出：“结合南粤古驿道保护利用工作，发展户外体育运动产业。以古驿道文化线路及其沿线发展节点为依托，有效整合古驿道沿线休闲步道、登山道、绿道、古村、公园、景区等路径及体育场地，积极开发康体健身、生态休闲、户外运动等类型的体育活动，组织城乡居民开展以徒步、慢跑、定向运动、绿道骑行、野外穿越、划船等为主题的古驿道品牌赛事，着力构建集体育、休闲、旅游于一体的古驿道体育带。”

(二)打造“休闲产品”

2017年，广东省政府印发《广东省进一步扩大旅游文化体育健康养老教育培训等领域消费的实施方案》，以改革创新增加消费领域特别是服务消费领域有效供给，加速升级体育旅游消费，并作出指示：推动旅游与体育融合发展，开发南粤古驿道休闲体育旅游产品，推动建设一批体育旅游示范基地。南粤古驿道成为广东省服务消费提质、扩容的重要抓手，通过“体育+”“旅游+”的形式提升群众休闲体育旅游服务水平，并为绿色经济导流赋能，助推城乡经济发展。

二、“政府、地方、民间”，多方联动共兴体育热潮

2016年，“三师”专业志愿者委员会积极响应广东省政府号召，开展古驿道体育建设工作，梳理南粤古驿道自然历史资源，打造户外运动平台并开办南粤古驿道定向大赛。在南粤古驿道定向大赛的影响下，各地级市积极举办各项驿道赛事，与此同时，随着驿道赛事品牌的打响，越来越多的人民群众自发组织参加驿道休闲体育活动。

(一)核心引擎——广东省政府主导南粤古驿道定向大赛

2016年至2020年，广东省政府发起南粤古驿道定向大赛，获全省各地级市积极响应，大赛累计开办65站96场，走遍全省2千多公里的古道旧巷，到访地级市15个、古道乡镇48个、古村落66个、古港码头5个、岛屿2个，吸引参赛体验者超500万人次、村民家庭5000多个。据不完全统计，大赛为贫困村、古村、古镇创造了直接经济效益30多亿元。广东省定向运动爱好者由3万人增至15万人，由高校师生拓展至中小学生、年轻人群及户外运动群体，定期参赛青少年学生超2万名，青少年定向运动培训超20万人次，引导培养专业选手16名（国家队队员8名、入选国家队集训2名、国青队队员6名）。南粤古驿道定向大赛概览如下表所示。

南粤古驿道定向大赛概览		
时间	赛事名称	地点
2016年（8站）		
7月9—10日	2016 年南粤古驿道定向大赛首站	韶关市仁化县石塘古村
9月10—11日	2016 年南粤古驿道定向大赛第二站	惠州市博罗县旭日古村
9月29—30日	2016 年南粤古驿道定向大赛第三站	云浮市郁南西坝兰寨村

续表

时间	赛事名称	地点
10月15—16日	2016年南粤古驿道定向大赛第四站	梅州市大埔县侯南村
11月12—13日	2016年南粤古驿道定向大赛第五站	潮州市饶平县钱塘村
11月26—27日	2016年南粤古驿道定向大赛第六站	广州市增城区瓜岭村
12月3—4日	2016年南粤古驿道定向大赛第七站	佛山市南海区松塘村
12月17—18日	2016年南粤古驿道定向大赛第八站（总决赛）	广州市从化区钱岗村 广州市从化区红石村
2017年（12站）		
5月23—24日	2017南粤古驿道“天翼高清杯”定向大赛暨中国南粤古驿道文化之旅	江门台山市海口埠 江门台山市梅家大院
6月10—11日	2017南粤古驿道“天翼高清杯”定向大赛	惠州市博罗县旭日古村
6月24—25日	2017南粤古驿道“天翼高清杯”定向大赛	云浮市郁南兰寨村
9月9—10日	2017南粤古驿道“天翼高清杯”定向大赛暨中国南粤古驿道文化之旅	韶关市仁化县石塘古村
9月23—24日	2017南粤古驿道“天翼高清杯”定向大赛暨中国南粤古驿道文化之旅	清远市连州市丰阳村
10月21—22日	2017南粤古驿道“天翼高清杯”定向大赛暨中国南粤古驿道文化之旅	梅州市大埔县侯南村
11月4—5日	2017南粤古驿道“天翼高清杯”定向大赛暨中国南粤古驿道文化之旅	湛江市徐闻县徐闻古港
11月17—18日	2017南粤古驿道“天翼高清杯”定向大赛暨中国南粤古驿道文化之旅	汕头市金平区西堤公园 汕头市澄海区樟林古港
11月18—19日	2017南粤古驿道“天翼高清杯”定向大赛暨中国南粤古驿道文化之旅	潮州市饶平县钱塘村
12月12—13日	南粤古驿道“天翼高清杯”2017世界定向排位赛预选赛暨广东省定向联赛	肇庆市鼎湖区砚洲岛
12月14—15日	南粤古驿道2017世界定向排位赛预选赛暨广东省定向联赛	佛山市南海区西樵山
12月15—17日	2017南粤古驿道“天翼高清杯”定向大赛总决赛暨世界定向排位赛	广州市海珠区黄埔古港 广州市海珠区湿地公园
2018年（11站）		
4月21—22日	南粤古驿道“天翼4K高清杯”定向大赛暨中国南粤古驿道文化之旅首站	湛江市徐闻县徐闻古港
5月19—20日	南粤古驿道“天翼4K高清杯”定向大赛暨中国南粤古驿道文化之旅第二站	茂名市信宜市八坊村
6月23—24日	南粤古驿道“天翼4K高清杯”定向大赛暨中国南粤古驿道文化之旅第三站	广州市从化区钱岗村 广州市从化区红石村

续表

时间	赛事名称	地点
8月25—26日	南粤古驿道“天翼4K高清杯”定向大赛暨中国南粤古驿道文化之旅第四站	韶关市乳源县大桥村
9月15—16日	南粤古驿道“天翼4K高清杯”定向大赛暨中国南粤古驿道文化之旅第五站	惠州市惠东县皇思扬村
10月20—21日	南粤古驿道“天翼4K高清杯”定向大赛暨中国南粤古驿道文化之旅第六站	河源市连平县何新屋 河源市连平县湖东村
11月3—4日	南粤古驿道“天翼4K高清杯”定向大赛暨中国南粤古驿道文化之旅第七站	梅州市平远县角坑村
11月17—18日	南粤古驿道“天翼4K高清杯”定向大赛暨中国南粤古驿道文化之旅第八站	汕头市澄海区樟林古港
12月15—16日	南粤古驿道“天翼4K高清杯”定向大赛暨世界定向排位赛预选赛第九站	肇庆市鼎湖区砚洲岛
12月17—18日	2018年世界定向排位赛暨亚洲定向杯	佛山市三水区大旗头村 佛山市三水区三江村
12月19—20日	2018年世界定向排位赛暨亚洲定向杯	广州市增城区白水寨
2019年(9站)		
4月20—21日	南粤古驿道“天翼4K高清杯”定向大赛暨重走中央红色交通线之旅首站	梅州市平远县角坑村 江西省赣州市古坑村
6月1—2日	南粤古驿道“天翼4K高清杯”定向大赛暨中国南粤古驿道文化之旅第二站	肇庆市德庆县金林水乡
8月24—25日	南粤古驿道“天翼4K高清杯”定向大赛暨中国南粤古驿道文化之旅第三站	河源市东源县苏家围 河源市东源县下屯村
9月21—22日	南粤古驿道“天翼4K高清杯”定向大赛暨2019年中国农民丰收节第四站	清远市阳山县水口村 清远市阳山县白石脚 清远市阳山县秦汉古道
10月26—29日	2019年定向世界杯决赛暨南粤古驿道“天翼4K高清杯”定向大赛第五站	佛山市南海区西樵山 佛山市南海区松塘村 佛山市南海区中央电视台南海影视城
11月15—16日	南粤古驿道“天翼4K高清杯”定向大赛暨阳春市首届乡村旅游节第六站	阳江市阳春市高村
11月16—17日	南粤古驿道“天翼4K高清杯”定向大赛暨中国南粤古驿道文化之旅第七站	茂名市信宜市八坊村
11月30日—12月1日	南粤古驿道“天翼4K高清杯”定向大赛暨中国南粤古驿道文化之旅第八站	韶关市乳源县大桥村
12月14—15日	南粤古驿道“天翼4K高清杯”定向大赛总决赛暨云浮市首届乡村旅游季第九站	云浮市云城区水东村

续表

时间	赛事名称	地点
2020年（12站）		
6月13—14日	南粤古驿道 Hello5G 杯定向大赛暨华南教育历史研学基地坪石之旅首站	韶关市乐昌市塘口村
		韶关市乐昌市坪石老街
8月22—23日	南粤古驿道 Hello5G 杯定向大赛暨阳春市第二届乡村旅游节第二站	阳江市阳春市高村
9月5—6日	南粤古驿道 Hello5G 杯定向大赛暨中国南粤古驿道文化之旅第三站	清远市阳山县潭村
		清远市阳山县学发公祠
9月19—20日	“中国农民丰收节”系列活动暨南粤古驿道 Hello5G 杯定向大赛第四站	肇庆市封开县东畔村
		肇庆市封开县西畔村
10月17—18日	南粤古驿道 Hello5G 杯定向大赛暨粤港澳大湾区夜间城市定向赛第五站	广州市从化区温泉风景区湿地公园
		广州市从化区温泉小镇
10月31日—11月1日	南粤古驿道 Hello5G 杯定向大赛暨“魅力潮安行”系列活动第六站	潮州市潮安区龙湖古寨
11月21—22日	南粤古驿道 Hello5G 杯定向大赛暨大美南澳活力海岛“旅游＋启动仪式”第七站	汕头市金平区小公园
		汕头市南澳县南澳岛

（注：李碧云整理）

(二)耦合联动——地方政府自主办赛

地方政府依托古驿道定向大赛热度和影响力，发挥大赛集成作用，同步开展体育支教、农民劳动竞技、国民体质监测、科学健身大讲堂等拓展活动，自行举办南粤古驿道红色徒步、定向、航空飞行、自行车、汽车集结等系列赛事和活动超300场，引导群众共享古驿道体育工作成果。经媒体报道的地方赛事概览如下表所示。

经媒体报道的地方赛事概览

时间	赛事名称	地点
2017年		
3 月 25 日	佛山 50 公里徒步	佛山
3 月 25 日	2017 中国坐标 · 广州城市古驿道定向户外挑战赛	广州
4 月 30 日	2017 年第一届“重走南雄长征路”活动	韶关南雄
5 月 6 日	2017 广清穿越（从化—佛冈站）徒步大会	广州从化、清远佛冈
6 月 10 日	“胜利大营救”手机 APP 定向越野赛	惠州
6 月 10 日	“寻找葛洪足迹”惠州古驿道千人徒步	惠州
6 月 24 日	乳源首届穿越西京古道千人徒步活动	韶关乳源

续表

时间	赛事名称	地点
7月29日	南粤古驿道红色之旅 · 广东省系列徒步活动	广州、深圳、惠州、河源、梅州、潮州
7月30日	徒步西京古驿道户外行	韶关乳源
2018年		
3月27日	重走长征路 ·2018 广东省红色旅游系列活动	韶关南雄
3月31日	2018 佛山 50 公里徒步活动	佛山
5月12日	全民健身系列活动万人徒步行	茂名信宜
6月30日	南粤古驿道红色之旅 ·2018 惠东高潭徒步活动	惠州惠东
9月30日	南粤古驿道徒步活动	潮州饶平
12月9日	南粤古驿道 ·2018 茂名电白生态徒步大会	茂名电白
12月16日	“格力海岸杯”珠海市民健身运动会南粤古驿道骑行活动	珠海
12月31日	2018 英德首届连铁古驿道美丽乡村徒步行	清远英德
2019年		
2月24日	2019 粤赣古驿道河源连平桃花节徒步活动	河源上坪中村
4月14日	2019 南粤古驿道 · 首届汕头南澳岛踏青节	汕头南澳
4月28日	2019 年英德连铁古驿道徒步活动	清远英德
6月15日	2019 年惠州市庆祝建国 70 周年暨纪念毛泽东同志题词“发展体育运动，增强人民体质”67 周年龙门县红色之旅古驿道徒步活动	惠州龙门
8月24日	义合江畔古道 18 公里大型徒步活动	河源东源
10月27日	2019 年惠州市古驿道徒步活动（龙门站）暨年第十七届磨房惠州 60 公里徒步活动	惠州
11月10日	南粤古驿道红色之旅 ·2019 年潮梅穿越暨饶平县第四届旅游健身徒步节	潮州饶平
2020年		
8月8日	2020 年惠州市线上全民健身运动会	惠州
11月14日	2020 年惠州市第七届全民健身社区运动会	惠州
11月28日	第十三届“农行杯”穿越丹霞山 50 公里徒步赛	韶关
12月11日	梅关古驿道徒步暨梅花节活动	韶关南雄梅关古道
12月12日	2020 西京古道文化旅游节 ·15 公里徒步赛	韶关乳源
12月27日	2020 横琴人寿横琴马拉松	珠海横琴
12月29日	2020 陆河百公里骑行活动	汕尾陆河

（注：根据新闻报道整理）

2018 年广东省名山登山大赛第八届登山节暨阳山“阳驴”登山嘉年华
（阳城镇党员志愿服务队拍摄）

(三)稳步推进——民间自发组织活动

在南粤古驿道和地方赛事的影响下，古驿道的知名度得以提升，群众对古驿道有了更多认识、产生更大向往，各地级市户外协会、单位团体、组织机构开始自发组织驿道休闲体育活动，在驿道上一边轻松漫步，一边领略自然风景和民俗风情。

2019 年阳山水口秦汉古道登山徒步活动
（阳城镇党员志愿服务队拍摄）

三、“健身、育民、兴村”，发挥体育品牌综合效能

“三师”专业志愿者积极协助各级政府部门，联合广东省户外运动协会，推进南粤古驿道体育基础设施建设及体育活动赛事举办，发挥体育运动的强大效能，推动驿道沿线乡村经济发展和精神文明建设，以品牌赛事提升凝聚力和影响力。

(一)丰富健身设施，强健村民体魄

在古驿道建设与修复过程中，考虑其作为城乡公共产品的实际使用，依托沿线村落环境资源，规划符合群众康体娱乐需求与未来发展需求的体育活动，配套相应体育服务活动设施，预留开展多种体育项目的空间，为公众创造满足现代生活需求的生态休闲游憩空间。通过体育基础设施的建设，推动群众健身运动的开展，提高村民的身体素质。

古驿道不同于一般体育活动设施，它是天然的户外运动场所，有益于人体身心健康。古驿道分布于山野林间，崎岖坎坷，绵亘数十公里，适宜徒步攀登，有益于增强人体平衡能力与心肺活力；古驿道自然生态环境优越，空间视野开阔，含氧量高，有助于漫步者放松身心、舒缓眼部肌肉。

作为健身设施的南粤古驿道
（阳山县自然资源局拍摄）

2018年，茂名市信宜市八坊村举办古驿道定向大赛时组织的万人徒步、骑行、体育名将支教下乡等体育活动，带动了近2万名群众参与，大大提高了群众锻炼的热情，增强了群众身体素质，提升了群众生活幸福感，实现了体育惠民目标。

(二)美化乡村环境，提升村容村貌

体育赛事主题活动的筹办还带动了驿道与村落环境的美化与整治、相关服务设施的建设与提升，为参赛者与当地居民提供了基础设施完备、环境干净和整洁、地域特色鲜明的空间场所，实现了村容村貌的跨越式提升。

韶关市石塘村是古驿道定向大赛站点之一。为保证比赛质量，“三师”专业志愿者与当地政府组织开展了石塘村环境风貌、基础设施、交通道路整治提升行动，以改善当地河水污浊、村道脏乱、电线杂乱、建筑损毁、违章搭建的现象，并同步建设了文化广场、展销平台、公共厕所等服务配套设施，在保障大赛顺利开展的同时亦为村民塑造良好的人居环境。村民张露芬说：“自家酒馆门口的三角街，原来坑坑洼洼的，雨后容易积水，平时出行不便。现在整条三角街均铺上大小一致的仿古青砖，极大改善了附近居民的日常出行环境”。

赛事筹办改善了石塘村的人居环境
（南方新闻网朱江伟拍摄）

南粤古驿道赛事活动带动文明乡风
（茂名市信宜市贵子镇人民政府拍摄）

古驿道赛事活动带动阳春经济发展
（来源：南粤古驿道网）

(三)提高全民素养，建设文明乡风

古驿道体育活动的开展丰富了群众的精神文化生活，通过运动弘扬了积极向上、不懈进取的体育精神，引导群众形成了良好的精神风貌。运动项目的团体性、组织性带动村民形成团结协作、互相信任的良好氛围，为构建和谐社会创造了条件。

此外，在驿道体育赛事活动开展过程中，“三师”专业志愿者鼓励和引导当地村民主动为运动员及游客提供指引、介绍农产品及工艺品展销等服务，以此获得经济收入和成就感，从而激发了村民振兴乡村的积极性和主动性，强化了村民的社会责任意识和主人翁意识，推动了乡村文明建设。粤东片区潮州饶平县的居民对古驿道修复工作表示赞许与支持，当地体育发展中心主任麦名城表示：“古驿道为群众户外运动及休闲生活提供了一个好去处，随着古驿道的建设和赛事的举办，村民们参与锻炼的热情高涨，群众的身体素质、文化修养和精神面貌得到全面提升。”

(四)优化资源配置，提升经济活力

南粤古驿道体育工作以挖掘驿道沿线文化生态资源和改善村落人居环境为切入点，以“体育+”赋能，通过系列赛事活动促进当地资源的整合重组，为村落引入人流量及资金投入，增加当地发展机会，使乡村经济焕发新活力。

2019—2020年，驿道沿线阳春市春湾镇高村通过体育赛事活动吸引了大批游客，带动当地特产热卖及社会企业的进驻开发，为村民提供就业岗位，实现体育助力脱贫攻坚，为乡村发展注入持续动力。据《中国体育报》报道，在古驿道定向大赛举办后，高村春砂仁、白岭子茶、岗美腊鸭、马水桔、圭岗氹仔鱼等特色食品销量激增，当地兴办美食小作坊和农副产品销售点，村民每户月均增收4000元。2019年11月，高村所属春湾镇292名贫困人口实现全面脱贫，春湾镇人均可支配收入1.7万元，有劳动力的贫困户人均可支配收入1.3万元。

(五)举办定向大赛，塑造世界品牌

南粤古驿道定向大赛成为世界品牌
（来源：南粤古驿道网）

古驿道体育赛事活动以南粤古驿道定向大赛为核心打造国际品牌，通过世界定向大赛、世界排位赛、亚洲定向杯搭建国际交流合作平台，提升古驿道及沿线村落的关注度和知名度。

2017—2018年，广东在南粤古驿道肇庆鼎湖、南海西樵、增城白水寨站点举办了两届世界排位赛和一届亚洲定向杯，吸引了27个国家和地区1000的多名选手参赛，观光游客和体验者逾28000名。2019年，世界定向大赛首次落地亚洲，在南粤古驿道南海西樵山开赛，吸引了37个国家和地区的260余名顶尖定向运动员参与，通过国内外直播转播间接带动2亿人次关注。国际定向运动联合会相关负责人表示：“过去四年，南粤古驿道定向大赛到访过广东省内多个城市的村庄和城镇，更重要的是，大赛的举办也为弘扬当地文化、探索体育与文化融合发展提供了绝佳的机会。”借由赛事打响乡村特色品牌，提升乡村的吸引力和增强乡村的影响力，带动更多资源向乡村聚集，形成品牌赛事与乡村互动发展的良性循环。

四、“共建、共联、共享”，提升乡村综合发展水平

清远市阳山县是南粤古驿道秦汉古道和西京古道的重要节点，当地自2019年起积极开展古驿道活化利用及相关工作，连续两年举办南粤古驿道定向大赛，并借此开展系列赛事活动，取得了明显的经济效益与社会效益。

(一)多级部门联动，提供优质活动场所

阳山县重视古驿道相关工作，集聚人才技术力量，组建专项工作小组，形成以阳山县自然资源局牵头，文化广电旅游体育局、农业农村局、林业局、水利局、交通局、住建局、史志办、镇政府等多级部门协作的工作机制，攻克时间、资金、技术等方面的难题，在美丽乡村、乡村振兴样板区、县精品路线、田园综合体等政策背景下，考虑古驿道作为体育活动、游览玩赏等功能的载体，建设标识系统、体育设施和休憩设施，着手打造高质量的生态化的活动场所。

阳山县自然资源局副局长梁国营表示：“古驿道活化利用后，我们看到大量的群众走上古驿道开展体育休闲活动，感到非常欣慰，觉得驿道建设工作很有价值，是造福于民众和社会的。未来，我们将与更多的部门以及社会力量共同协作，开展包括古驿道在内的全县慢行系统建设工作，为人民群众提供高质量的活动场所。”

阳山古驿道
（阳山县自然资源局拍摄）

阳山古驿道体育设施
（阳山县自然资源局拍摄）

2019南粤古驿道定向大赛
（阳山县文化广电旅游体育局拍摄）

2020南粤古驿道定向大赛
（阳山县文化广电旅游体育局拍摄）

(二)开办赛事活动，品牌引聚八方人气

2019年、2020年南粤古驿道定向大赛先后在阳山县阳城镇、七拱镇举行，比赛融入科技元素并创新赛制，如增设定向ID制度、人脸识别检录、云直播、驿道留言等板块，开办夜间定向、超级迷宫定向、百米定向、定向马拉松等活动，吸引了1000多名运动员、800多名体验者，掀起了体育运动和乡村旅游的热潮。阳山县借着大赛热度推广大众体育活动，结合驿道资源推出不同星级难度、多种活动类型的打卡线路，比如阳山徒步线路、四驱车越野比赛等，吸引当地和广东省内的其他户外活动爱好者走上古驿道。

阳山县文化广电旅游体育局副局长黄永杰为南粤古驿道定向大赛的工作感到自豪，他说：“南粤古驿道定向大赛的举办为阳山县带来了人气，为阳山的经济发展提供了新动能。”早前，阳山县曾组织举办过广东省环清汽车集结赛、南粤古驿道文化万里行等体育活动，但是单次活动参与人数仅数十人。随着南粤古驿道定向大赛品牌的建设与户外徒步旅游活动的开展，阳山县逐渐成为广东省内小有名气的徒步地点之一，每周末到访游客上百人。未来，阳山县将持续推进古驿道体育活动的常态化开展，结合更多的趣味活动增强古驿道的体育黏性。

阳山生态农产品展厅
（水口村村民委员会拍摄）

(三)引导民众参与，共享体育赛事经济成果

工作开展之初，群众并不理解支持，但阳山县的基层骨干毫不气馁，深入走访调研，加强宣传沟通，引导村民参与古驿道及其体育配套设施的建设，使村民从中获得实际收益，增加村民的积极性与主动性。在开设古驿道健身线路的过程中，阳山县依托文化、农业、旅游等资源要素，建设游客中心、农家乐、民宿、手工作坊、农产品展示厅等服务设施接待与服务徒步爱好者、旅游组织，令其在古驿道开展健身活动的同时能感受古村古镇风韵、乡村生活气息。在秦汉古道沿线阳山县阳城镇的腐竹手工作坊，颇受徒步爱好者欢迎，他们现场参观、制作和购买腐竹，腐竹常常供不应求。

腐竹手工作坊
（水口村村民委员会拍摄）

阳山县阳城镇党委书记钟志华指出：“古驿道体育工作是乡村振兴的重要抓手，为阳城镇带来许多徒步运动者和游客。他们主动向村民询问或购买手工制品和农产品。村民从中看到商机，主动参与游客中心、农家乐、民宿、手工作坊、农产品展示厅等设施的建设中，接待与服务徒步爱好者、旅游组织，并从中获取经济收益，共享驿道体育工作的成果。”在驿道建设前，阳城镇水口村农产品年销售额约9.8万元，

经过两届南粤古驿道定向大赛和各项体育活动的筹办，水口村农产品年销售额逾80万元，当地经济由此实现了飞跃性发展。

(四)帮扶弱势群体，提升群众生活品质

阳城镇水口村是省定贫困村，在广东省政府、广州市发展和改革委员会及清远市旅游局的帮扶下，通过整合水口秦汉古道、自然景观（如将军山、八仙山、连江画廊）、农产品（如玉米、水稻、香瓜、阳山鸡）等资源，组织推广徒步、摄影、登山徒步、越野跑、电影拍摄等活动，为村里引来游客，并建立古道游客接待中心，成立水口秦汉古道博物馆、CSA（Community Supported Agriculture，社区支持农业）社区、产品销售中心等设施帮扶贫困农户销售农产品，使村民实现在家就业，秦汉古道也因此变成水口村脱贫致富的金光大道。

阳城镇水口村扶贫书记邹钢民说："2016年，我到阳山水口村开展扶贫工作，当时村里有省定贫困户52户共150多人，大部分贫困家庭都有劳动力。但他们需承担赚钱和照顾家中老人、小孩的责任，因而无法外出打工。我们通过'体育+文化+旅游'扶贫新模式，举办阳山县水口萝卜美食徒步节、秦汉古道徒步马拉松暨水口香瓜节、阳山第二届水口秦汉古道徒步健行暨将军山下赏荷花活动等，建设水口古道旅游接待中心，带动产业发展建设，提升贫困户收入水平。2020年底，水口村农产品每月营收10万元，贫困户实现全面脱贫，有劳动力家庭人均可支配收入一万多元，群众的生活品质得到了显著提升。"

"三师"专业志愿者、广东省建筑设计研究院有限公司中山分公司院长田中指出，古驿道体育活动的开展为乡村发展带来了新机遇，通过"驿道+""体育+"的模式实现了文化、农业、旅游等资源要素的有机叠加，将美丽乡村、美丽古驿道变为美丽经济，将使阳山县拥有更强大的生命力和更持久的吸引力。

阳山县水口萝卜美食徒步节
（水口村村民委员会拍摄）

阳山县水口村农产品展销中心
（水口村村民委员会拍摄）

展望篇

第十一章
继往开来　砥砺前行

撰稿人：祁贵平

风雨六载，“三师”专业志愿者协会坚守“以专业之所长服务乡村”的理念，积极参与乡村物质与非物质文化遗产的保护与利用，推动农村产业融合发展，助力省定贫困村脱贫摘帽，提升乡村人居环境和乡村建设品质，打造美丽宜居村庄，积极实现“美丽乡愁”“共治共建共享生态文明”的目标。“三师”专业志愿者已然成为广东经济文化振兴一支不可或缺的生力军。

细细数来，“三师”专业志愿者协会一直在广东多个领域贡献力量：指导村庄规划建设，解决广大农村缺乏专业技术支持的尴尬现状；倾注情感，保护乡村古建的一砖一瓦、一草一木，缓解废弃文物之痛；指导修复驿道本体164.4公里，建设连接线607.7公里，建设安装配套设施及标识系统2700余处，串联起125个省定贫困村；承办南粤古驿道文化创意大赛、艺道游学少儿绘画大赛，将驿道文化与创新创作融合，使古驿道走进青少年群体，让传统文化焕发新生；组织开展多次“大师小筑·美丽宜居乡村行动”，2019年还积极参与到全国主流媒体聚焦的“南粤古驿道·海上新丝路”大型新闻摄影采访活动中，以技术为媒，躬体力行，以“大师”效应激发效能，做乡村振兴的实践者；打造“华南教育历史研学基地”，促进新时代的文化复兴，培养青年一代的爱国情怀……

尤为值得一提的是，由“三师”专业志愿者协会全程参与并成为其核心骨干力量的南粤古驿道活化行动，已成为广东乡村振兴乃至经济文化大发展的新引擎。从某种意义上讲，南粤古驿道乃至中国古驿道已逐渐成为内涵和外延均极为丰富的文化符号。无论是它承载的历史记忆，还是人文传承，抑或是作为串联各种文旅资源的抓手，南粤古驿道活化均有着举足轻重的社会现实价值和新时代意义，且已成为研究中国乃至世界文化线路的重要内容。

在活化过程中，南粤古驿道的概念得以不断充实和丰富。它不仅是军事之路、商旅之路，也是民族迁徙之路、融合之路。而且从国际视野来看，南粤古驿道不仅是中国岭南地区与北方主流文化区域联系的通道，也是中华文明经过岭南和南洋联系世界其他文明的所经之地，对古代世界文化交流有着积极作用，是中国乃至世界驿道文化的典型代表，在世界文化线路领域也具有典型意义。经过多方努力，从南粤古驿道活化内容中梳理出包括古道、绿道、步道、风景道及水道在内的文化线路路径载体，建立起南粤古驿道标识系统，并聚集起体育、农业、文化、旅游、生态等不同产业发展的资源要素；保护与修复工作取得显著成效，逐步形成了良好的社会示范引领效应。

伴随着南粤古驿道活化不断向纵深发展，它的内涵和外延均得到了爆发式的全方位拓展，日趋彰显出其服务乡村振兴、助推精准扶贫的社会价值。南粤古驿道活化催生出旅游业、基础建筑业、民宿业、餐饮业、户外运动业、酒业、研学教育业等一批产业，形成绿色、健康、可持续、高增长的产业链，构筑起多元的南粤古驿道经济带，为欠发达的小城镇和乡村发展注入新动能，促进古驿道沿线经济发展，成了广东经济文化大发展一个新的增长点。

在“十四五”规划开局之年，在我国向第二个百年奋斗目标进军之际，中央一号文件提出“要把乡村建设摆在社会主义现代化建设的重要位置，全面推进乡村产业、人才、文化、生态、组织振兴”。在此指引下，“三师”专业志愿者协会主动审视六年的工作开展情况，并结合“十四五”规划的内容积极部署下阶段工作计划与重点，矢志以技术服务助推广东乡村振兴。

一、秉持以道兴村，充分发挥南粤古驿道活化的引领作用

2016年伊始，广东省在全国率先开展古驿道保护与利用工作，涵盖挖掘与修复古驿道，串联沿线的历史遗存和历史文化名城、名镇、名村以及自然景观等资源节点。古驿道保护与利用工作还与户外体育、乡村旅游相关联，以期促进城乡经济互动发展、助推精准扶贫与美丽乡村建设。

围绕“以道兴村”，“三师”专业志愿者协会积极参与南粤古驿道活化行动，陆续组织开展或参与了“大师小筑·美丽宜居乡村行动”、南粤古驿道文创大赛、华南教育历史研学基地、南粤古驿道定向大赛等活动，通过不懈努力逐步成为南粤古驿道活化行动的中坚力量。

经过不懈努力，“三师”专业志愿者协会先后沿迹挖掘出“华南传播马克思主义第一人”杨匏安在南粤大地的奋斗遗迹，及“培正培道联合中学”在乐昌坪石的办学史。历时三个多月，通过对西京古道分支宜乐古道沿线区域的历史研究，“三师”专业志愿者梳理了1940—1945年华南教育在乐昌坪石的史料，由点及线，连线成面，逐渐挖掘出国立中山大学校本部、先修班、研究院、工学院、文学院、法学院、理学院、农学院、师范学院、岭南大学农学院、培正培道联合中学等办学旧址，国立中山大学许崇清校长旧居、工学院陈宗南院长旧居、法学院王亚南老师旧居等历史遗迹，为粤北文旅发展和乡村振兴找到了一个具有独特价值的着力点。

展望未来，“三师”专业志愿者协会在发挥已有经验优势的基础上，还将继续做好下述内容，助力南粤古驿道活化行动充分发挥作为广东精准扶贫与乡村振兴新引擎的价值和作用。

1.联通古驿道及其沿线各类空间

协助深入挖掘古驿道及其沿线村庄、历史建筑、山川、江河湖泊、林地、农田、果园等各类空间，通过古驿道连接线予以联通。“三师”专业志愿者协会将串联优质资源点，连线成面，推动粤北生态发展区协调发展，整合周边各类既有空间，使各类空

间最大化地发挥各自价值，发挥古驿道串联带动效益，营造构建诗意栖居、节约集约高效利用资源的魅力岭南体系。

2.致力于深度挖掘古驿道文化内涵

作为历史文化遗产，古驿道是广东历史发展的重要缩影和文化脉络的延续。在古驿道旅游开发过程中，需深挖古驿道历史内涵，做足文化“文章”，塑造古驿道文化品牌，扩大古驿道知名度与影响力，让游客在旅程中深刻体验古驿道深厚文化底蕴。

3.主动创新产品供给新模式

南粤古驿道文旅产品供给丰富，主要景区（点）和关键节点所在的乡镇旅游产品数据超过15000条，建设推出5条古驿道文化遗产游径和7条古驿道历史文化游径。同时，随着南粤古驿道文旅产品迭代升级，不断开发出多层次、有特色的文创旅游产品，形成“景区依托型”“政府主导型”和“资源推动型”等可复制的典型旅游发展模式，激活中高端全域旅游产品发展空间。

4.继续强化南粤古驿道重点线路技术指导服务工作

截至2021年1月25日，“三师”专业志愿者协会连续3年安排技术指导组对全省18条28段南粤古驿道重点线路、4大古港和5个华南教育历史研学基地进行技术指导，涉及镇区96个，覆盖面达100%。这确保与提升了各地南粤古驿道活化利用质量，为当地决策部门提供了专业支撑。未来，这项工作的覆盖面和参与力量还将不断扩大和强化。

5.紧跟新时代需求，积极开展多方、跨区域合作

在多方合作下，南粤古驿道活化已在国家文化线路、遗产线路领域形成了一套自己的经验与方法，未来将主动融合各方的专业力量与资源，突破行政区域的限制进行深度的活化利用，让南粤古驿道成为区域转型发展的资源依托。在乡村振兴的大背景下，大力推进南粤古驿道整体性地开发、传播、保护、产业化，为区域找到一个新的发展元素、找到一条新发展路径、赋予它一种新的产业形态，最终带动整个区域的转型发展，使得南粤古驿道成为新全球化空间的载体和文化依托。

6.挖掘南粤古驿道新时代价值，实现申报世界文化遗产

注重文化赋能及跨学科研究，加强南粤古驿道学术研究的组织和深入，支持建构南粤古驿道价值传播体系，逐步让南粤古驿道成为表达南粤乃至中国最重要的符号和窗口之一。在此基础上，“三师”专业志愿者不断挖掘和充实南粤古驿道的内涵、外延及新时代价值，并最终实现南粤古驿道申报世界文化遗产。

二、坚守技术下乡，投身精准扶贫、美丽乡村建设战略

（一）加强点对点帮扶力度

在新农村建设中，技术下乡是一个重要环节。它是把技术提供给农村，以节省财力、物力、人力等资源来提高产量和质量，为农民服务，为新农村建设提供坚实的基础。

自2014年起，“三师”专业志愿者协会启动技术下乡、点对点帮扶工作，足迹遍布广东省21个地区57个县区近400个乡社，参与人数共计59人次。其中，“三师”专业志愿者协会结对子帮扶的翁源县农村人居环境综合整治项目得到国家层面的认可，于2019年9月被住房和城乡建设部村镇建设司作为设计下乡和村庄建设规划试点示范案例向全国进行推广。当然，“三师”专业志愿者协会清醒地认识到，针对性、实用性、长远性仍是今后需要重点提升的发展方向，为此，“三师”专业志愿者协会将继续集中做好下述工作。

一是做好摸底工作。在制定技术下乡实施方案之前，要组织人员针对不同地域、不同空间、不同人群进行调查摸底，通过深入农村、走访村民了解每个村组的主导产业、了解农民在生产中遇到的科技难题、了解农民急需的技术指导，从而选择有针对性的送技术下乡的活动内容和形式，确保送技术下乡与广大农民心贴心的“零距离”接触，使农民朋友获得具有实用性的指导。二是编写通俗材料。时下农民所能获取的专业书籍、科普资料抑或是举办的科技讲座，部分专业性、理论性太强，这对文化水平不高、理解能力有限、科技素质较低的农民来说，无异于“雾里看花”。所以，“三师”专业志愿者协会组织编写专门的宣讲材料，把那些有关的科技知识转换成地道的农民语言，并结合农民身边具体的生产事例用“农民话”表述出来，使广大农民朋友一听就能理解、一看就能明白、一学就能掌握。三是立足人才培养。技术下乡作为巩固脱贫攻坚成果的有力抓手，把技术知识送到农民炕头、送到田间地头，从而做到贴近农村实际、满足农民需要、适合农民胃口。因此，特别要把技术下乡与防止农村和农民因技返贫统一起来，在增强科技讲座、科技培训的直观性和示范性上下功夫，努力培养一批“技术二传手”，使广大农民群众感受到送技术下乡的实惠，从而增强广大农民朋友学用科技的长期性和持久性。四是利用网络信息手段搭建技术服务线上平台，随时随地满足农民的技术指导诉求，最大程度地发挥“三师”多专业、主动服务的优势。

（二）深化脱贫村对接服务

持续推进全面脱贫与乡村振兴有效衔接，是脱贫攻坚与乡村振兴交会和过渡时期的一项重大战略任务。这就要求深化过去数年来的脱贫成果，继续与退出的贫困村、贫困户进行结对帮扶，帮助其掌握有效致富方法。与此同时，针对脱贫地区技术仍然落后的现状，加大在不同区域的脱贫村应用示范和推广力度，集成示范一批脱贫村适用的新技术，进一步加强脱贫村农业、工业和高新技术等领域产业技术集成与转化示范，推进脱贫地区现代化、规模化发展。

2017年以来，依托在规划设计、建筑设计、工程技术、遗产保护、市政设施、文化创意、生态环保等方面的专业技能，“三师”专业志愿者协会积极对接了247个省定贫困村，通过自身技术优势助力广东的脱贫攻坚事业。近年来，“三师”专业志愿者协会与对接贫困村“双向了解”，“授人以鱼不如授人以渔”，在技术帮扶的基础上，帮助贫困村加强产业发展顶层设计，制订符合当地实际的产业发展规划，则是从全面脱贫迈向乡村振兴的关键所在。

下一步，“三师”专业志愿者协会计划根据对接脱贫村的实际，因地制宜，帮助乡村制订发展规划，为对接脱贫村谋划好乡村振兴蓝图。其次，“三师”专业志愿者协会将开展技术培训，传授科技知识，推广实用技术，提高脱贫人口科学素质和依靠科技致富的能力。“三师”专业志愿者协会将帮助对接脱贫村培养一批懂技术、善经营、能带动的科普带头人、致富能手、新型职业农民，依托农村专业合作社组建农村专业技术协会，既让村民学有榜样、教有良师，又打造出一支扎根乡村的乡土科技人才队伍。再者，“三师”专业志愿者协会将加强技术助力工作创新。依托“三师”技术优势，“三师”专业志愿者协会将引导对接脱贫村进行产业合作开发或创新创业。利用脱贫地区生态环境、人文景观等比较优势，加快发展生态农业、旅游休闲等特色产业，帮助脱贫地区发展新经济、培育新动能，大幅度提高贫困人口收入水平和增强阻断贫困、稳定脱贫致富的能力。

（三）优化落地村庄规划

村庄是农村居民生活和生产的聚居点。好的村庄规划是做好农村地区各项建设工作的基础，是各项建设管理工作的基本依据，对改变农村落后面貌，加强农村地区生产设施和生活服务设施、社会公益事业和基础设施等各项建设，推进社会主义新农村建设具有重大意义。

为贯彻落实中共中央关于实施乡村振兴战略的精神，在广东省委、省政府的统一部署下，2020年8月“三师”专业志愿者协会启动对广东省10片62个试点共249个行政村（居）的村庄规划开展了优化与提升指导工作。利用自身优势，“三师”专业志愿者协会总结出一套能为其他村庄规划编制提供参考的经验借鉴，切实解决了试点片区农业农村现代化过程中的用地问题，为推进广东省村镇规划体系日臻完善作出不容忽视的贡献。在参与村庄规划优化提升指导过程中，“三师”专业志愿者协会在思想、工作方式等方面注意及时进行反思和总结，未来工作中需要强化的内容主要包括：首先，坚持从实际出发，充分尊重农民意愿，做保护性的规划；尊重自然地理格局，彰显乡村特色优势，保护历史文化和乡村风貌。其次，在保持农村特色、民俗风貌、差异化前提下，综合现代信息技术的集成运用，将数字化、智能化渗透到农村的生产、生活、生态空间中，搭建“方案定制化、产业规模化、旅居生态化、管理智慧化”的规划结构。最后，建筑设计要与生态融合，将当地文化元素融入整体空间、建筑风格及布局，营造建筑风貌特色，体现建筑质量及工匠精神；景观设计结合当地环境风貌，不仅要设计有创意的大地景观，而且更要将艺术融入乡村风貌建设；特别要重视土壤修复、水环境治理、生态景观营造等技术在当地的使用；每个规划节点，要把当地世代形成的风土民情、乡规民约、民俗演艺等结合，让人们可以体验农耕活动和乡村生活的苦、乐与礼仪，以此引导人们重新思考生产与消费、城市与乡村、工业与农业的关系，从而产生符合自然规律的自警、自醒行为，在自娱自乐中陶冶性情、化身其中。

三、践行“十四五”规划，以技术服务为抓手助推广东经济文化振兴

“十四五”规划强调完善乡村振兴的支撑保障，这其中“人才为本”显得尤为关键。这就需要加强农村专业人才队伍建设，鼓励社会人才投身乡村建设；以乡情、乡愁为纽带，引导和支持专家学者、规划师、建筑师、技能人才等，通过下乡担任志愿者等方式服务乡村振兴事业；加快建立稳定、有效的人才入乡激励机制，破解城市人才到农村、农村人才到城市“两头落不下”难题。

“三师”专业志愿者协会由时任广东省副省长许瑞生亲自倡议并创建，目前已

发展为拥有在册会员1095人，会员单位44家的合法化、规范化、专业化社会团体。在多年的探索实践中，“三师”专业志愿者协会已逐渐成长为一支成熟、精锐、专业的队伍，汇聚了规划、建筑、景观、结构、市政、电力、生态、植物、艺术、人文、计算机科学与技术等数十个专业和方向的志愿者，多专业跨界协作的工作模式可谓国内领先、全省唯一，非常有利于为乡村问题提供全视野观察、多角度解答。不同专业志愿者在一起碰撞思维、迸发灵感，更是有利于引导乡村创新发展。

为此，“三师”专业志愿者协会正专注设置线上与线下乡村课堂，培养乡村规划建设人才、基础设施建设管护人才、乡村建设工匠等，提升乡村人才素质，壮大乡村专业领域人才规模。

与此同时，“三师”专业志愿者协会在各维度的工作实践中积累了广泛经验，协会一直投身于乡村建设、贫困村帮扶等各项工作，对省内“三农”问题有着深入了解。在此基础上，“三师”专业志愿者协会将积极为政府部门提供政策建议，协助制定现代农业产业园规划、村庄规划、村庄建设、农村土地流转、农房管控等相关规范指引和技术性文件，促进农村健康发展。

下一步，“三师”专业志愿者协会将围绕“十四五”规划的内容与精神，在人才队伍支撑、基础理论应用创新以及技术宣传推广等方面继续全方位进行深化和提升，寻求更贴近农村需求、更符合乡村振兴战略的方式和方法；把理论进行提炼和升华，把在南粤古驿道上的实践的体会、经验以及研究成果进行提炼，将实践和理论进行结合，让南粤古驿道发挥更多、更好的价值。

与此同时，“三师”专业志愿者协会将创新南粤古驿道活化行动的外延与内涵，在更广的界面去拓展和深入，注重活化行动与新技术、新时代接轨，在夯实南粤古驿道的基础上串联起中国古驿道的全方位活化，促进古驿道列入国际文化遗产的步伐，最终使得南粤古驿道活化成为广东乡村建设与经济文化振兴的新时代加速器。

继往开来、砥砺前行，“三师”专业志愿者协会一路坚定地跟随广东省脱贫攻坚与乡村振兴有效衔接的总体部署与工作规划，在增强对自身工作的审视、紧密结合“十四五”规划的基础上，下一步将继续团结各领域优秀专业志愿者，助力探索和践行新技术、新模式、新路径，在南粤古驿道国际化、理论化以及多元化等方面不遗余力地进行耕耘与拓展，坚守初心和宗旨，步履坚实地迈向辉煌的明天。